L'amour est contagieux

Pape François

L'amour est contagieux

L'Évangile de la justice

Textes choisis par Anna Maria Foli

Albin Michel

Les « méditations matinales » sont traduites par Daniela Caldiroli. Les autres textes ont été adaptés par l'éditeur à partir des traductions disponibles sur le site du Vatican.

Édition originale italienne parue sous le titre :
L'AMORE È CONTAGIOSO
IL VANGELO DELLA GIUSTIZIA

« La négativité est contagieuse, mais la positivité aussi est contagieuse ; le désespoir est contagieux, mais la joie aussi est contagieuse : ne suivez pas les personnes négatives, mais continuez à faire rayonner autour de vous lumière et espérance ! Et sachez que l'espérance ne déçoit pas, ne déçoit jamais ! »

Pape François,
appel téléphonique à l'éditeur italien,
7 juillet 2014

PREMIÈRE PARTIE

LA JUSTICE DE L'HOMME

« Travaillons ensemble pour la justice et pour la paix ! »

Discours sur l'esplanade des Mosquées,
Jérusalem, 26 mai 2014

Solidarité

La culture de la solidarité

Discours à la communauté de Varginha,
Rio de Janeiro, à l'occasion de la XXVIIIe Journée mondiale de la jeunesse, 25 juillet 2013.

Le peuple brésilien, en particulier les personnes les plus simples, peut offrir au monde une précieuse leçon de solidarité, une parole de solidarité – un mot qu'on oublie ou que l'on tait souvent parce qu'il gêne. Il semble presque être un gros mot… solidarité.

Je voudrais faire appel à ceux qui possèdent plus de ressources, aux autorités publiques et à tous les hommes de bonne volonté engagés pour la justice sociale : ne vous lassez pas de travailler pour un monde plus juste et plus solidaire ! Personne ne peut rester insensible aux inégalités qu'il y a encore dans le monde ! Que chacun, selon ses possibilités et ses responsabilités, sache offrir sa contribution pour mettre fin à tant d'injustices sociales. Ce n'est pas la culture de l'égoïsme, de l'individualisme, qui souvent régule notre société, qui pourra nous conduire vers un monde plus habitable. C'est au contraire la culture de la solidarité, qui consiste à voir dans l'autre non un concurrent ou un numéro, mais un frère. Et nous sommes tous des frères !

Je voudrais vous dire aussi que l'Église, « avocate de la justice et défenseur des pauvres contre les inégalités sociales et économiques intolérables qui crient vers le ciel » (*Document d'Aparecida*, 395), désire collaborer à toute initiative allant dans le sens du vrai développement de tout homme et de tout l'homme. Chers amis, il est certainement nécessaire de donner du pain à celui qui a faim, c'est un acte de justice. Mais il y a aussi une faim plus profonde, la faim d'un bonheur que seul Dieu peut rassasier : la faim de dignité.

La valeur de la solidarité

Discours à la fondation Centesimus Annus pro pontefice,
25 mai 2013.

Le phénomène du chômage – celui du manque et de la perte du travail – s'étend comme une tache d'huile dans de larges zones de l'Occident et élargit de manière inquiétante les limites de la pauvreté. Et il n'y a pas de pire pauvreté matérielle que celle qui ne permet pas de gagner son pain et qui prive de la dignité du travail. Désormais ce « quelque chose qui ne fonctionne pas » ne concerne plus seulement le Sud du monde, mais toute la planète. S'impose alors l'exigence de « repenser la solidarité » non plus comme une simple assistance à l'égard des pauvres, mais comme une manière de revoir tout le système de manière globale, de chercher des voies pour le réformer et le corriger en cohérence avec les droits fondamentaux de l'homme, de tous les hommes. À ce mot « solidarité », qui n'est pas bien vu par le monde économique – comme si c'était un gros mot –, il faut redonner la citoyenneté sociale qu'il mérite. La solidarité n'est pas une attitude facultative, ce n'est pas une charité collective, c'est une valeur sociale. Et elle exige de nous sa place dans la cité.

La crise actuelle n'est pas seulement économique et financière, mais plonge ses racines dans une crise éthique et anthropologique. Suivre les idoles du pouvoir, du profit, de l'argent en les plaçant au-dessus de la valeur de la personne humaine est devenu la norme fondamentale et un critère décisif d'organisation sociale. On a oublié et on oublie encore à présent qu'au-dessus des affaires, de la logique et des paramètres du marché, il y a l'être humain et il y a quelque chose qui est dû à l'homme en tant qu'homme, en vertu de sa dignité profonde : il s'agit de lui offrir la possibilité de vivre de façon digne et de participer activement au bien commun.

Nous devons revenir à la place centrale de l'homme, à une vision plus éthique des activités et des rapports humains, sans craindre d'y perdre quoi que ce soit.

Solidarité et partage

Homélie en la solennité de la Fête-Dieu, basilique Saint-Jean-de-Latran, 30 mai 2013.

D'où vient la multiplication des pains ? La réponse se trouve dans l'invitation de Jésus aux disciples : « Donnez-leur vous-mêmes... » Donner, partager. Qu'est-ce que partagent les disciples ? Le peu qu'ils ont : cinq pains et deux poissons. Mais ce sont précisément ces pains et ces poissons qui, dans les mains du Seigneur, rassasient toute la foule. Et ce sont précisément les disciples, hésitant devant leur peu de moyens et la pauvreté de ce dont ils disposent, qui font asseoir les gens et – confiants dans la parole de Jésus – distribuent les pains et les poissons qui nourrissent la foule. Et cela nous dit que dans l'Église, mais aussi dans la société, il y a un mot-clé dont nous ne devons pas avoir peur, celui de « solidarité », c'est-à-dire le fait de savoir mettre à la disposition de Dieu ce que nous avons, nos humbles capacités. Car c'est seulement dans le partage, dans le don que notre vie sera féconde, qu'elle portera du fruit. Solidarité : un mot mal vu par l'esprit du monde !

Ce soir, encore une fois, le Seigneur distribue pour nous le pain qui est son Corps, il se fait don. Et nous aussi, nous faisons l'expérience de la « solidarité de Dieu » avec l'homme, une solidarité qui ne s'épuise jamais, une solidarité qui n'en finit pas de nous surprendre : Dieu se fait proche de nous, dans le sacrifice de la Croix, Il s'abaisse en entrant dans l'obscurité de la mort pour nous donner sa vie, qui vainc le mal, l'égoïsme, la mort. Ce soir aussi, Jésus se donne à nous dans l'Eucharistie, partage notre chemin, se fait même nourriture, la vraie nourriture qui soutient notre vie, y compris dans les moments où la route se fait difficile et où les obstacles ralentissent nos pas. Et dans l'Eucharistie, le Seigneur nous fait parcourir sa voie : celle du service, du partage, du don. Et ce peu que nous avons, ce peu que nous sommes, devient richesse s'il est partagé, car la puissance de Dieu, qui est celle de l'amour, descend dans notre pauvreté pour la transformer.

La solidarité crée la justice

Exhortation apostolique *Evangelii gaudium*, 188-189, 24 novembre 2013.

L'Église, guidée par l'Évangile de la miséricorde et par l'amour de l'homme, entend la clameur pour la justice et veut y répondre de toutes ses forces. Dans ce cadre on comprend la demande de Jésus à ses disciples : « Donnez-leur vous-mêmes à manger » (Marc 6,37), ce qui implique autant la coopération pour résoudre les causes structurelles de la pauvreté et promouvoir le développement intégral des pauvres que les gestes simples et quotidiens de solidarité devant les misères très concrètes que nous rencontrons. Le mot « solidarité » est un peu usé et, parfois, on l'interprète mal, mais il désigne beaucoup plus que quelques actes sporadiques de générosité. Il demande de créer une nouvelle mentalité qui pense en termes de communauté, de priorité de la vie de tous sur l'appropriation des biens par quelques-uns.

La solidarité est la réaction spontanée de celui qui reconnaît la fonction sociale de la propriété, la destination universelle des biens, comme réalités antérieures à la propriété privée. La possession privée des biens n'est légitime que si on en prend soin et les fait fructifier de manière à ce qu'ils servent mieux le bien commun, c'est pourquoi la solidarité doit être vécue comme la décision de rendre au pauvre ce qui lui revient. Ces convictions et pratiques de solidarité, quand elles prennent chair, ouvrent la route à d'autres transformations structurelles et les rendent possibles. Mais tout changement structurel qui ne génère pas de nouvelles convictions et attitudes fera que ces mêmes structures tôt ou tard deviendront corrompues, pesantes et inefficaces.

Personne n'est exempté de la solidarité

Evangelii gaudium, 201, 24 novembre 2013.

Personne ne devrait dire qu'il se tient loin des pauvres parce que ses choix de vie lui font porter davantage d'attention à d'autres tâches. C'est une excuse fréquente dans les milieux académiques, d'entreprise ou professionnels, et même ecclésiaux. Même si on peut dire en général que la vocation et la mission propre des fidèles laïcs est la transformation des diverses réalités terrestres pour que toute l'activité humaine soit transformée par l'Évangile, personne ne peut se sentir exempté de la préoccupation pour les pauvres et pour la justice sociale : « La conversion spirituelle, l'intensité de l'amour de Dieu et du prochain, le zèle pour la justice et pour la paix, le sens évangélique des pauvres et de la pauvreté sont requis de tous. » Je crains que ces paroles fassent seulement l'objet de quelques commentaires sans véritables conséquences pratiques. Malgré tout, j'ai confiance dans l'ouverture et dans les bonnes dispositions des chrétiens, et je vous demande de rechercher communautairement de nouveaux chemins pour accueillir cette proposition renouvelée.

La fraternité

Message pour la XLVIIe Journée mondiale de la paix, 1er janvier 2014.

La fraternité est une dimension essentielle de l'homme, qui est un être relationnel. La vive conscience d'être en relation nous amène à voir et à traiter chaque personne comme une vraie sœur ou un vrai frère. Sans cela, la construction d'une société juste, d'une paix solide et durable devient impossible.

La fraternité génère la paix sociale, parce qu'elle crée un équilibre entre liberté et justice, entre responsabilité personnelle et solidarité, entre bien des individus et bien commun. La communauté politique doit alors agir de manière transparente et responsable pour favoriser tout cela. Les citoyens doivent se sentir représentés par les pouvoirs publics dans le respect de leur liberté. Souvent, au contraire, entre citoyens et institutions, se glissent des intérêts de partis qui déforment cette relation, favorisant un climat de perpétuel conflit.

Un authentique esprit de fraternité vient à bout de l'égoïsme individuel qui empêche les personnes de vivre entre elles librement et harmonieusement. Cet égoïsme se développe au niveau collectif, soit dans les multiples formes de corruption, aujourd'hui partout répandues, soit dans la formation des organisations criminelles, des groupuscules jusqu'aux groupes organisés à l'échelle globale, qui, minant en profondeur le droit et la justice, frappent au cœur la dignité de la personne. Ces organisations offensent gravement Dieu, nuisent aux hommes et lèsent la création, d'autant plus lorsqu'elles ont une connotation religieuse.

Dignité

La culture de la vie

Discours aux gynécologues participant à la rencontre organisée à Rome par la Fédération internationale des associations de médecins catholiques, 20 septembre 2013.

Les choses ont un prix et sont négociables, mais les personnes ont une dignité, elles valent plus que les choses et n'ont pas de prix. Souvent, nous nous trouvons dans des situations où nous voyons que ce qui vaut le moins, c'est la vie. C'est pourquoi l'attention à la vie humaine dans sa totalité est devenue ces derniers temps une véritable priorité du magistère de l'Église, en particulier l'attention à ceux qui sont le plus sans défense, c'est-à-dire les porteurs de handicap, les malades, les enfants, les personnes âgées, qui représentent la vie la plus vulnérable. Dans l'être humain fragile, chacun de nous est invité à reconnaître le visage du Seigneur qui, dans sa chair humaine, a fait l'expérience de l'indifférence et de la solitude auxquelles nous condamnons souvent les plus pauvres, que ce soit dans les pays en voie de développement ou dans les sociétés du bien-être. Chaque enfant non né, mais condamné injustement à être l'objet d'un avortement, a le visage de Jésus-Christ, le visage du Seigneur, qui déjà avant de naître, et ensuite à peine né, a fait l'expérience du refus du monde. Et chaque personne âgée – j'ai parlé des enfants, parlons aussi des personnes âgées –, même si elle est malade ou en fin de vie, porte en elle le visage du Christ.

Soyez des témoins et des diffuseurs de cette « culture de vie ». Le fait que vous soyez catholiques comporte une plus grande responsabilité : tout d'abord envers vous-mêmes, pour un engagement cohérent avec la vocation chrétienne, et ensuite envers la culture contemporaine, pour contribuer à reconnaître dans la vie humaine la dimension transcendante, l'empreinte de l'œuvre créatrice de Dieu, dès le premier instant de sa conception. Il s'agit là d'un engagement de nouvelle évangélisation qui demande souvent d'aller à contre-courant, en payant de sa propre personne. Le Seigneur compte également sur vous pour diffuser l'« évangile de la vie ».

Il n'existe pas de vie humaine plus sacrée qu'une autre, comme il n'existe pas de vie humaine qualitativement plus significative qu'une autre.

La dignité humaine, fondement de la société

Evangelii gaudium, 203, 24 novembre 2013.

La dignité de chaque personne humaine et le bien commun sont des questions qui devraient structurer toute la politique économique. Or parfois elles semblent être des questions secondaires, des thèmes annexes complétant un discours politique qui n'a en lui-même aucune perspective ni programme de vrai développement global. Beaucoup de paroles dérangent dans notre système ! C'est gênant de parler d'éthique, c'est gênant de parler de solidarité mondiale, c'est gênant de parler de distribution des biens, c'est gênant de parler de défendre les emplois, c'est gênant de parler de la dignité des faibles, c'est gênant de parler d'un Dieu qui exige un engagement pour la justice. D'autres fois, il arrive que ces paroles soient l'objet d'une manipulation opportuniste qui les déshonore. La commode indifférence à ces questions rend alors notre vie et nos paroles vides de toute signification. La vocation d'entrepreneur est un noble travail, à condition de se laisser interroger par un sens plus large de la vie ; cela permet de servir vraiment le bien commun, par des efforts pour multiplier et rendre plus accessibles à tous les biens de ce monde.

La dignité du travail

Méditation matinale dans la chapelle de la Domus Sanctae Marthae, Rome, 1er mai 2013.

Travailler c'est plus que gagner son pain : le travail nous donne la dignité ! Celui qui travaille est digne, il a une dignité spéciale, une dignité de personne : l'homme et la femme qui travaillent sont dignes.

Celui qui ne travaille pas n'a donc pas cette dignité. Mais il existe tant de personnes qui voudraient travailler et ne le peuvent pas. Or, c'est un poids pour notre conscience, car lorsqu'une société est organisée de façon telle que tous n'ont pas la possibilité de travailler, d'être « oints » par la dignité du travail, cette société ne va pas bien : elle n'est pas juste ! Elle va contre Dieu Lui-même, qui a voulu que notre dignité commence là.

Même Jésus sur terre a beaucoup travaillé, dans l'atelier de saint Joseph, et jusqu'à la Croix. Il a fait ce que le Père lui avait ordonné de faire. Je pense aujourd'hui à tant de personnes qui travaillent et ont cette dignité... Remercions le Seigneur ! Et soyons conscients que ce n'est ni le pouvoir, ni l'argent, ni la culture qui nous donnent cette dignité, non !... C'est le travail qui nous la donne, même si la société ne permet pas à tous de travailler.

Certains systèmes sociaux, politiques et économiques en plusieurs parties du monde ont fondé leur organisation sur l'exploitation. Ils ont choisi pour principe de fonctionnement de ne pas rétribuer de façon juste, et de chercher à obtenir le plus grand profit à tout prix, exploitant le travail des autres, sans par ailleurs se soucier le moins du monde de leur dignité. Cela va contre Dieu !

Nous en sommes arrivés à ne plus être conscients de cette dignité de la personne, de cette dignité du travail. Mais aujourd'hui la figure de saint Joseph, de Jésus, de Dieu qui travaillent nous apprennent le chemin pour aller vers la dignité.

Travail et chômage

Discours aux dirigeants et aux ouvriers des aciéries de Terni, en Ombrie, et aux fidèles du diocèse de Terni, 20 mars 2014.

Le travail est une réalité essentielle pour la société, pour les familles et pour les personnes. Le travail, en effet, concerne directement la personne, sa vie, sa liberté et son bonheur. La première valeur du travail est le bien de la personne humaine, parce qu'il lui permet de se réaliser en tant que telle, dans ses aspirations et capacités intellectuelles, créatives et manuelles. Il en découle que la finalité du travail n'est pas seulement économique et orientée vers le profit, elle concerne surtout l'homme et sa dignité. La dignité de l'homme est liée au travail.

Lorsque le travail manque, cette dignité est blessée ! Celui qui est au chômage ou qui est sous-employé risque en effet d'être marginalisé par la société, de devenir victime de l'exclusion sociale. Il arrive si souvent que les personnes sans travail – je pense surtout aux nombreux jeunes aujourd'hui au chômage – tombent dans le découragement chronique ou, pire, dans l'apathie.

Que pouvons-nous dire face au très grave problème du chômage qui touche divers pays européens ? C'est la conséquence d'un système économique qui n'est plus capable de créer du travail parce qu'il a mis au centre cette idole qu'est l'argent ! C'est pourquoi les différents acteurs politiques, sociaux et économiques sont appelés à promouvoir une approche différente, basée sur la justice et la solidarité.

Le travail est le bien de tous, qui doit être disponible pour tous. La phase actuelle de graves difficultés et de chômage exige d'être affrontée avec les instruments de la créativité et de la solidarité. La créativité d'entrepreneurs et d'artisans courageux qui regardent l'avenir avec confiance et espérance. Et la solidarité entre toutes les composantes de la société qui renoncent à quelque chose et adoptent un style de vie plus sobre, pour aider ceux qui se trouvent dans le besoin.

Dignité et justice

Discours à l'occasion de la rencontre avec le monde du travail à Cagliari, Sardaigne, 22 septembre 2013.

La souffrance qui découle du manque de travail conduit – excusez-moi si j'utilise des mots un peu forts, mais je dis la vérité – à se sentir sans dignité ! Là où il n'y a pas de travail, il manque la dignité ! Et ce n'est pas un problème propre à la Sardaigne, à l'Italie ou à certains pays d'Europe, c'est le résultat du choix économique mondial qui conduit à cette tragédie, le choix d'un système centré sur cette idole qu'est l'argent.

Dieu a voulu qu'au centre du monde il n'y ait pas une idole mais l'homme, l'homme et la femme, qui fassent avancer le monde par leur travail.

Mais pensez-y : un monde où les jeunes – deux générations de jeunes – ne trouvent pas de travail est un monde qui n'a pas d'avenir. Pourquoi ? Parce qu'ils n'ont pas de dignité ! C'est difficile de garder sa dignité sans travailler. Voilà votre souffrance, ici. Voilà la prière que vous avez clamée : « Travail, travail, travail ! » C'est une prière nécessaire. Travailler veut dire être digne, travailler veut dire rapporter le pain à la maison, travailler veut dire aimer ! Pour défendre ce système économique idolâtre, on instaure la « culture du rebut » : on met au rebut les grands-parents et on met au rebut les jeunes. Et nous devons dire non à cette culture du rebut. Nous devons dire que nous voulons un système juste, un système qui nous fasse tous avancer ! Nous devons dire que nous ne voulons pas de ce système économique mondialisé, qui nous fait tant de mal ! Au centre il doit y avoir l'homme et la femme, comme Dieu le veut, et non pas l'argent !

Accueil

Accueillir et servir

Discours lors de la visite au centre Astalli de Rome pour les réfugiés, 10 septembre 2013.

Servir : qu'est-ce que cela signifie? Servir veut dire accueillir avec attention la personne qui arrive, se pencher sur qui est dans le besoin et lui tendre la main, sans calcul, sans crainte, avec tendresse et compréhension, comme Jésus s'est penché pour laver les pieds des apôtres. Servir signifie travailler aux côtés des plus nécessiteux, établir tout d'abord avec eux des relations humaines de proximité, de solidarité. Solidarité, ce mot qui fait peur au monde développé. On cherche à ne pas le prononcer. C'est presque devenu un gros mot. Mais c'est *notre* mot! Servir signifie reconnaître et prendre en compte les questions de justice, d'espérance, chercher ensemble des routes, des parcours concrets de libération.

Les pauvres sont aussi des maîtres privilégiés dans notre quête vers la connaissance de Dieu. Leur fragilité et leur simplicité démasquent nos égoïsmes, nos fausses assurances, nos prétentions à l'autosuffisance. Ils nous guident vers l'expérience de la proximité et de la tendresse de Dieu, nous invitent à recevoir dans notre vie son amour, sa miséricorde de Père qui, avec discrétion et une confiance patiente, prend soin de nous, de nous tous.

Sert-on seulement sa personne ou sait-on servir les autres, comme le Christ qui est venu pour servir jusqu'à donner sa vie ? Regarde-t-on dans les yeux ceux qui demandent justice ou tourne-t-on son regard de l'autre côté pour ne pas regarder leurs yeux ?

Les couvents, lieux d'accueil

Discours lors de la visite au centre Astalli de Rome pour les réfugiés, 10 septembre 2013.

Le Seigneur appelle à vivre avec plus de courage et de générosité l'accueil dans les communautés, dans les maisons, dans les couvents vides. Très chers religieux et religieuses, les couvents vides ne sont pas destinés à être transformés en hôtels et à faire gagner de l'argent à l'Église. Les couvents vides ne vous appartiennent pas, ils sont pour la chair du Christ que sont les réfugiés. Le Seigneur appelle à vivre avec plus de courage et de générosité l'accueil dans les communautés, dans les maisons, les couvents vides. Assurément, ce n'est pas chose simple ; le discernement et la responsabilité sont nécessaires, mais le courage aussi. Nous faisons tant, peut-être sommes-nous appelés à faire davantage, en décidant d'accueillir et de partager ce que la Providence nous a donné pour servir. En surmontant la tentation de la mondanité spirituelle pour être proches des personnes simples et surtout des derniers. Nous avons besoin de communautés solidaires qui vivent l'amour de manière concrète !

Chaque jour, ici et dans d'autres centres, tant de personnes, surtout des jeunes, font la queue pour un repas chaud. Ces personnes nous rappellent les souffrances et les drames de l'humanité. Mais ces files d'attente nous disent aussi que faire quelque chose, maintenant, tous, est possible. Il suffit de frapper à la porte, et de dire : « Je suis là. Comment puis-je t'aider ? »

La « culture du rebut » et celle de l'accueil

Discours lors de la rencontre avec les enfants malades de l'Institut séraphique à Assise, 4 octobre 2013.

Malheureusement, la société est empoisonnée par la « culture du rebut », qui s'oppose à la culture de l'accueil. Et les victimes de la première sont précisément les personnes les plus faibles, les plus fragiles. Dans cette Maison en revanche, je vois à l'œuvre la seconde. Certes, ici aussi, tout n'est pas parfait, mais on travaille ensemble afin que des personnes ayant de graves difficultés aient une vie digne. Merci pour ce signe d'amour que vous offrez : mettre au centre de l'attention sociale et politique les personnes les plus défavorisées, c'est là le signe de la véritable civilisation, humaine et chrétienne ! Parfois au contraire, les familles se retrouvent seules à s'occuper d'elles. Que faire ? De ce lieu où l'on voit l'amour concret, je dis à tous : multiplions les œuvres de la culture de l'accueil, des œuvres animées avant tout par un profond amour chrétien, un amour pour le Christ crucifié, des œuvres dans lesquelles le professionnalisme, le travail qualifié et justement rétribué s'unissent au volontariat, ce trésor précieux.

Servir avec amour et tendresse les personnes qui ont tant besoin d'aide nous fait croître en humanité, parce que ces personnes sont de véritables ressources d'humanité. Saint François était un jeune homme riche, il avait des idéaux de gloire, mais Jésus, en la personne du lépreux, lui a parlé en silence et l'a changé, il lui a fait comprendre ce qui vaut véritablement la peine dans la vie : non pas les richesses, la force des armes, la gloire terrestre, mais l'humilité, la miséricorde, le pardon.

L'Église qui accueille

Audience générale, 2 octobre 2013.

Dans l'Église, le Dieu que nous rencontrons n'est pas un juge impitoyable, Il est comme le père de la parabole évangélique. On peut être comme le fils qui a quitté la maison, qui a touché le fond de l'éloignement de Dieu ; lorsqu'on a la force de dire : « Je veux rentrer à la maison », on trouvera la porte ouverte. Dieu vient à notre rencontre parce qu'Il nous attend toujours, Dieu nous attend toujours, Dieu nous embrasse, Il nous embrasse et se réjouit. Ainsi est le Seigneur, ainsi est la tendresse de notre Père céleste.

Le Seigneur veut que nous fassions partie d'une Église qui sache ouvrir les bras pour accueillir tout le monde, qui ne soit pas la maison de quelques-uns mais la maison de tous, où tous puissent être renouvelés, transformés, sanctifiés par son amour, les plus forts et les plus faibles, les pécheurs, les indifférents, ceux qui se sentent découragés et perdus. L'Église offre à tous la possibilité de parcourir la voie de la sainteté, qui est la voie du chrétien : elle nous fait rencontrer Jésus-Christ dans les sacrements, en particulier dans la confession et l'Eucharistie. Elle nous communique la Parole de Dieu, elle nous fait vivre dans la charité, dans l'amour de Dieu envers tous. Demandons-nous alors : nous laissons-nous sanctifier? Sommes-nous une Église qui appelle et accueille à bras ouverts les pécheurs, qui donne courage, espérance, ou sommes-nous une Église fermée sur elle-même? Sommes-nous une Église où l'on vit l'amour de Dieu, où l'on fait attention à l'autre, où l'on prie les uns pour les autres?

Chaque chrétien est appelé à la sainteté, et la sainteté ne consiste pas avant tout à faire des choses extraordinaires, mais à laisser agir Dieu. C'est la rencontre de notre faiblesse avec la force de sa grâce, c'est la confiance en son action qui nous permet de vivre dans la charité, de tout faire avec joie et humilité, pour la gloire de Dieu et au service du prochain.

Accueillir le migrant

Message pour la Journée mondiale des migrants et des réfugiés, 5 août 2013.

Le développement ne peut être réduit à la simple croissance économique, obtenue souvent sans égard pour les personnes faibles et sans défense. Le monde peut progresser seulement si l'attention première est dirigée vers la personne ; si la promotion de la personne est intégrale, dans toutes ses dimensions, y compris la dimension spirituelle ; si personne n'est délaissé, pas même les pauvres, les malades, les prisonniers, les nécessiteux, les étrangers (cf. Matthieu 25,31-46) ; si l'on est capable de passer d'une culture du rejet à une culture de la rencontre et de l'accueil.

Il s'agit alors de commencer par voir nous-mêmes, et d'aider ensuite les autres à voir dans le migrant et le réfugié non pas seulement un problème à résoudre, mais un frère ou une sœur à accueillir, à respecter et à aimer, une occasion que la Providence nous offre pour contribuer à la construction d'une société plus juste, d'une démocratie plus accomplie, d'un pays plus solidaire, d'un monde plus fraternel et d'une communauté chrétienne plus ouverte, selon l'Évangile. Les migrations peuvent faire naître la possibilité d'une nouvelle évangélisation, ouvrir des espaces à la croissance d'une nouvelle humanité, annoncée par avance dans le mystère pascal : une humanité pour laquelle toute terre étrangère est une patrie et toute patrie est une terre étrangère.

Chers migrants et réfugiés, ne perdez pas l'espérance ! À vous aussi est réservé un avenir plus assuré, sur votre route vous pourrez trouver une main tendue, il vous sera donné de faire l'expérience de la solidarité fraternelle et de la chaleur de l'amitié !

L'accueil chrétien

Méditation matinale, 25 mai 2013.

Les chrétiens en recherche ne doivent jamais trouver porte close. Les églises ne sont pas des bureaux où l'on présente documents et qui papiers lorsqu'on demande d'entrer dans la grâce de Dieu. Nous ne devons pas instituer un huitième sacrement, celui de la douane pastorale !

Nous sommes tentés de nous emparer du Seigneur, de nous L'approprier. Prenons l'exemple d'une fille mère qui va à l'église, à la paroisse, pour demander de baptiser son enfant et qui entend un chrétien ou une chrétienne lui répondre : « Non, tu ne peux pas, tu n'es pas mariée. » Pensez à cette jeune fille qui a eu le courage de poursuivre sa grossesse et de ne pas avorter : qu'est-ce qu'elle trouve ? Une porte fermée. C'est arrivé à tant de femmes. Ce n'est pas là le meilleur zèle pastoral. Cela éloigne du Seigneur, cela n'ouvre pas les portes. Lorsque nous suivons cette voie, nous ne faisons pas le bien aux personnes, au peuple de Dieu.

Jésus s'indigne quand il voit ces choses, lorsqu'il voit souffrir son peuple fidèle, les gens qu'il aime tant. Jésus veut que tous s'approchent de lui. Pensons au peuple saint de Dieu, peuple simple, qui veut s'approcher de Jésus. Et pensons à tous les chrétiens de bonne volonté qui se trompent en fermant leur porte au lieu de l'ouvrir. Demandons au Seigneur que tous ceux qui s'approchent de l'Église trouvent les portes ouvertes pour rencontrer cet amour de Jésus.

Égalité

Nous sommes tous fils de Dieu

Audience générale, 23 février 2014.

Saint Paul explique que la communauté n'appartient pas aux apôtres, que ce sont eux qui appartiennent à la communauté et que la communauté tout entière appartient au Christ !

Il découle de cette appartenance que dans les communautés chrétiennes – diocèses, paroisses, associations, mouvements –, les différences ne peuvent pas contredire le fait que nous tous, par le baptême, avons la même dignité : tous, en Jésus-Christ, nous sommes enfants de Dieu. Et c'est là notre dignité. Ceux qui ont reçu un ministère de guide, de prédication, d'administration des sacrements ne doivent pas se considérer comme les propriétaires de pouvoirs spéciaux, des patrons, mais se mettre au service de la communauté, en l'aidant à parcourir avec joie le chemin vers la sainteté.

Mais combien un évêque, un cardinal, un pape a besoin de prières afin de pouvoir aider le peuple de Dieu à avancer !

Je dis « aider », c'est-à-dire servir le peuple de Dieu, parce que la vocation de l'évêque, du cardinal et du pape est justement d'être serviteurs, de servir au nom du Christ. Priez pour nous, pour que nous soyons de bons serviteurs : de bons serviteurs, pas de bons patrons ! Tous ensemble, évêques, prêtres, personnes consacrées et laïques, nous devons offrir le témoignage d'une Église fidèle au Christ, animée par le désir de servir ses frères et prête à répondre, avec un courage prophétique, aux attentes et aux exigences spirituelles des hommes et des femmes de notre temps.

La Terre est à tous

Evangelii gaudium, 190-191, 24 novembre 2013.

Même le droit peut être utilisé pour justifier une défense exagérée des droits individuels ou des droits des peuples les plus riches. Tout en respectant l'indépendance et la culture de chaque nation, il faut toujours rappeler que la planète est et appartient à toute l'humanité, et que le seul fait de naître en un lieu disposant de moins de ressources ou de développement ne doit pas impliquer de vivre dans une moindre dignité. Il faut répéter que les plus favorisés doivent renoncer à certains de leurs droits, pour mettre avec une plus grande libéralité leurs biens au service des autres. Pour parler de manière correcte de nos droits, il faut élargir le regard et prêter l'oreille au cri des autres peuples et des autres régions de notre pays. Nous avons besoin de grandir dans une solidarité qui permette à tous les peuples de devenir eux-mêmes les artisans de leur destin, de même que chaque homme est appelé à se développer.

En tout lieu et en toute circonstance, les chrétiens, encouragés par leurs pasteurs, sont appelés à écouter le cri des pauvres.

Les droits des enfants à naître

Evangelii gaudium, 213, 24 novembre 2013.

Les enfants à naître sont les plus démunis et innocents de tous ; on veut leur nier aujourd'hui la dignité humaine afin de pouvoir en faire ce que l'on veut, en leur retirant la vie et en légalisant cet état de fait.

La défense de la vie à naître est intimement liée à la défense de tous les droits humains. Elle suppose la conviction qu'un être humain est toujours sacré et inviolable, dans n'importe quelle situation et en toute phase de son développement. La vie est une fin en soi, et jamais un moyen pour résoudre d'autres difficultés. Si cette conviction disparaît, il ne reste plus de fondements solides et permanents pour la défense des droits humains, qui seraient toujours sujets aux convenances contingentes des puissants du moment. La seule raison est suffisante pour reconnaître la valeur inviolable de toute vie humaine, mais si nous la regardons aussi à partir de la foi, toute violation de la dignité personnelle de l'être humain crie vengeance en présence de Dieu et devient une offense au Créateur de l'homme.

Sacralité de l'individu

Evangelii gaudium, 274, 24 novembre 2013.

Pour partager la vie des gens et nous donner généreusement à eux, nous devons reconnaître aussi que chaque personne est digne de notre dévouement. Et si elle l'est, ce n'est ni pour son aspect physique, ni pour ses capacités, ni pour son langage, ni pour sa mentalité, ni pour les satisfactions qu'elle nous donne, mais plutôt parce qu'elle est œuvre de Dieu, sa créature. Il l'a créée à son image, et elle reflète quelque chose de sa gloire. Tout être humain fait l'objet de la tendresse infinie du Seigneur, qui habite dans sa vie. Jésus-Christ a versé son précieux sang sur la Croix pour cette personne. Au-delà de son apparence, chaque être est infiniment sacré et mérite notre affection et notre dévouement. C'est pourquoi, si je réussis à aider une seule personne à vivre mieux, cela justifie déjà le don de ma vie. C'est beau d'être un peuple fidèle de Dieu. Et nous atteignons la plénitude quand nous brisons les barrières, pour que notre cœur se remplisse de visages et de noms !

Les fonctions dans l'Église

Discours aux membres de l'association italienne Corallo (qui regroupe des radios et télévisions locales), 22 mars 2014.

En lisant le chapitre 12 de la première épître de saint Paul aux Corinthiens, nous voyons que dans l'Église il n'y a ni grand ni petit : chacun a sa fonction, sa façon d'aider l'autre, la main ne peut pas exister sans la tête, et ainsi de suite. Nous sommes tous membres du même corps, et vos médias aussi, qu'ils aient une large ou une modeste diffusion, en sont membres, et en harmonie avec la vocation de service dans l'Église. Personne ne doit se sentir petit, trop petit par rapport à un autre. Tous petits devant Dieu, dans l'humilité chrétienne, nous avons cependant tous une fonction. Tous ! Comme dans l'Église… Je pose cette question : qui est le plus important dans l'Église ? Le pape ou cette petite vieille qui tous les jours récite le chapelet pour l'Église ? C'est à Dieu de le dire, moi je ne saurais le dire. Mais l'importance de chacun est au sein de cette harmonie, parce que l'Église est l'harmonie de la diversité. Le Corps du Christ est cette harmonie de la diversité, et Celui qui fait l'harmonie est l'Esprit Saint : Lui est le plus important de tous.

C'est important de chercher l'unité et de ne pas suivre la logique du gros poisson qui avale le petit.

Partage

Au service du prochain

Angélus, 2 mars 2014.

On ne peut servir deux maîtres : Dieu et la richesse. Tant que chacun cherchera à accumuler pour lui-même, il n'y aura jamais de justice. Nous devons bien comprendre cela : tant que chacun cherchera à accumuler, il n'y aura jamais de justice. Si au contraire, en se confiant à la Providence de Dieu, nous cherchons ensemble son Royaume, alors personne ne manquera du nécessaire pour vivre dignement.

Un cœur occupé par la soif de posséder est un cœur plein de cette soif mais vide de Dieu. C'est pour cela que Jésus a averti plusieurs fois les riches, car, pour eux, grand est le risque de placer leur sécurité dans les biens de ce monde, alors que la sécurité, la sécurité définitive, est en Dieu.

Dans un cœur possédé par les richesses, il n'y a plus beaucoup de place pour la foi… Si au contraire on laisse à Dieu la place qui lui revient, c'est-à-dire la première, alors son amour conduit à partager aussi les richesses, à les mettre au service de projets de solidarité et de développement, comme le montrent tant d'exemples, même récents, dans l'histoire de l'Église. Et ainsi, la Providence de Dieu passe à travers notre service aux autres, notre partage avec les autres. Si chacun d'entre nous n'accumule pas les richesses seulement pour lui, mais les met au service des autres, alors la Providence de Dieu devient visible dans ce geste de solidarité. Si au contraire quelqu'un accumule seulement pour lui, que lui arrivera-t-il quand il sera appelé par Dieu ? Il ne pourra pas emporter ses richesses avec lui car, vous le savez, un linceul n'a pas de poches ! Il est préférable de partager, car au Ciel nous n'emportons que ce que nous avons partagé avec les autres.

La richesse du partage

Discours à la communauté de Varginha, Rio de Janeiro, 25 juillet 2013.

Pour une société qui ignore, qui met en marge et abandonne à la périphérie une partie d'elle-même, aucun effort de « pacification » ne sera durable et il n'y aura ni harmonie ni bonheur. Une telle société s'appauvrit simplement et perd même quelque chose d'essentiel pour elle-même. Ne laissons pas entrer dans notre cœur la culture de l'exclusion ! Ne laissons pas entrer dans notre cœur la culture de l'exclusion parce que nous sommes frères. Personne n'est à exclure ! Rappelons-nous toujours ceci : c'est seulement quand nous sommes capables de partager que nous nous enrichissons vraiment. Tout ce qui est partagé se multiplie ! Pensons à la multiplication des pains ! La grandeur d'une société se mesure à la façon dont elle traite celui qui est le plus nécessiteux, qui n'a rien d'autre que sa pauvreté !

Les dons du Seigneur

Audience générale, 24 avril 2013.

La parabole des talents nous fait réfléchir sur le rapport entre la façon dont nous employons les dons reçus de Dieu et son retour, lorsqu'Il nous demandera comment nous les avons utilisés (cf. Matthieu 25,14-30).

Nous connaissons bien la parabole. Avant son départ, le maître remet à chaque serviteur des talents afin qu'ils soient bien utilisés pendant son absence. Il en remet cinq au premier, deux au deuxième et un au troisième. Pendant son absence, les deux premiers serviteurs multiplient leurs talents – il s'agit d'une ancienne monnaie – tandis que le troisième préfère enterrer le sien et le remettre intact au maître. À son retour, le maître juge leurs œuvres : il loue les deux premiers, tandis que le troisième est chassé dans les ténèbres, parce qu'il a gardé caché le talent par peur, se refermant sur lui-même.

Un chrétien qui se referme sur lui-même, qui cache tout ce que le Seigneur lui a donné, eh bien ce n'est pas un chrétien ! C'est un chrétien qui ne rend pas grâce à Dieu pour tout ce qu'Il lui a donné ! Cela nous dit que l'attente du retour du Seigneur est le temps de l'action – nous sommes dans le temps de l'action –, le temps où il s'agit de mettre à profit les dons de Dieu non pas pour nous-mêmes mais pour Lui, pour l'Église, pour les autres, le temps où il s'agit de chercher toujours à faire croître le bien dans le monde. Et en particulier en ce temps de crise, aujourd'hui, il est important de ne pas se refermer sur soi-même, en enterrant ses talents, ses richesses spirituelles, intellectuelles, matérielles, tout ce que le Seigneur nous a donné, mais de s'ouvrir, d'être solidaires, d'être attentifs les uns aux autres.

La vie ne nous a pas été donnée pour que nous la conservions jalousement pour nous-mêmes, elle nous a été donnée pour que nous l'offrions.

Partager avec les frères

Audience générale, 6 novembre 2013.

Si nous sommes tous égoïstes, pouvons-nous vivre en communion et en paix ? Non, nous ne le pouvons pas, c'est pourquoi l'amour qui nous unit est nécessaire. Le plus petit de nos gestes d'amour a de bons effets pour tous ! Vivre l'unité dans l'Église et la communion de la charité signifie donc ne pas chercher son propre intérêt, mais partager les souffrances et les joies de nos frères (cf. 1 Corinthiens 12,26), être prêt à porter le poids de ceux qui sont plus faibles et pauvres. Cette solidarité fraternelle n'est pas une figure de rhétorique, une façon de parler, elle fait partie intégrante de la communion entre chrétiens. Si nous la vivons, nous sommes dans le monde un signe, un « sacrement » de l'amour de Dieu. Nous le sommes les uns pour les autres et nous le sommes pour tous ! Il ne s'agit pas seulement de cette menue charité que nous pouvons nous offrir mutuellement, il s'agit de quelque chose de plus profond : c'est une communion qui nous rend capables d'entrer dans la joie et dans la douleur des autres pour les faire sincèrement nôtres.

Et souvent nous sommes trop secs, indifférents, détachés, et au lieu de transmettre la fraternité, nous transmettons la mauvaise humeur, la froideur, l'égoïsme. Or, avec la mauvaise humeur, la froideur, l'égoïsme, on ne peut pas faire grandir l'Église ; l'Église ne grandit qu'avec l'amour qui vient du Saint-Esprit.

La messe

Audience générale, 12 février 2014.

Dans l'Eucharistie, le Christ accomplit toujours à nouveau le don de soi qu'il a fait sur la Croix. Toute sa vie est un acte de partage total de soi par amour, c'est pourquoi il aimait être avec ses disciples et avec les personnes qu'il avait l'occasion de connaître. Cela signifiait pour lui partager leurs désirs, leurs problèmes, ce qui tourmentait leur âme et leur vie. Or, lorsque nous participons à la messe, nous nous retrouvons avec des hommes et des femmes de toutes sortes : des jeunes, des personnes âgées, des enfants, des pauvres et des nantis, des gens originaires du lieu ou des étrangers, accompagnés par leur famille ou seuls… Mais l'Eucharistie que l'on célèbre nous conduit-elle vraiment à les sentir tous comme des frères et des sœurs ? Fait-elle croître en nous la capacité de nous réjouir avec celui qui se réjouit et de pleurer avec celui qui pleure ? Nous pousse-t-elle vers les pauvres, les malades, les exclus ? Nous aide-t-elle à reconnaître en eux la face de Jésus ? Nous allons tous à la messe parce que nous aimons Jésus et voulons partager, dans l'Eucharistie, sa Passion et sa Résurrection. Mais aimons-nous, comme Jésus le veut, nos frères et nos sœurs les plus indigents ? Par exemple, à Rome ces derniers jours nous avons vu de nombreuses situations de difficulté sociale, que ce soit en raison des pluies diluviennes, qui ont causé tant de dégâts à des quartiers entiers, ou du manque de travail, conséquence de la crise économique dans le monde entier. Je me demande – et que chacun de nous se demande : « Moi qui vais à la messe, comment est-ce que je vis cela ? Est-ce que je me soucie d'aider, de m'approcher, de prier pour ceux qui ont ce problème ? Ou bien suis-je un peu indifférent ? Ou peut-être est-ce que je ne me soucie que des bavardages : "Tu as vu comment celle-là ou celui-là est habillé ?" » Au lieu de cela, nous devons nous soucier de nos frères et de nos sœurs qui en ont besoin à cause d'une maladie, d'un problème.

La piété

Audience générale, 4 juin 2014.

Si le don de la piété nous fait croire dans la relation et la communion avec Dieu et nous conduit à vivre comme ses enfants, il nous aide dans le même temps à déverser cet amour aussi sur les autres, et à les reconnaître comme des frères. C'est alors que nous serons en effet animés par des sentiments de piété – pas de piétisme ! – à l'égard de ceux qui sont à nos côtés et de ceux que nous rencontrons chaque jour. Pourquoi ai-je dit « pas de piétisme » ? Car certains pensent faire preuve de piété en fermant les yeux, en prenant l'air d'une image pieuse, en faisant semblant d'être comme des saints. En piémontais nous disons « faire le *mugna quacia* » [équivalent de « faire la sainte nitouche »]. Ce n'est pas cela le don de la piété. Le don de la piété consiste à être vraiment capable de se réjouir avec qui est dans la joie, de pleurer avec qui pleure, d'être proche de qui est seul ou angoissé, de corriger qui est dans l'erreur, de consoler qui est affligé et de secourir qui est dans le besoin. Il existe un lien très étroit entre la piété et la douceur. Le don de la piété qui nous vient de l'Esprit Saint nous rend doux, nous rend calmes, patients, en paix avec Dieu, au service des autres avec douceur.

La rencontre

La culture de la rencontre

Message pour la Journée mondiale des migrants et des réfugiés, 5 août 2013.

Regardant la réalité des migrants et des réfugiés, il y a un élément que je voudrais mettre en évidence sur le chemin de la construction d'un monde meilleur : c'est celui du dépassement des préjugés et des incompréhensions dans la manière dont on considère les migrations. Souvent, en effet, l'arrivée de migrants, de personnes déplacées, de demandeurs d'asile et de réfugiés suscite chez les populations locales suspicion et hostilité. On a peur que la société voie sa sécurité bouleversée, qu'il y ait un risque de perdre son identité et sa culture, que cet afflux de gens alimente la concurrence sur le marché du travail, ou même qu'elle introduise de nouveaux facteurs de criminalité. Les médias ont une grande responsabilité en ce domaine : il leur revient en effet de démasquer les stéréotypes et d'offrir des informations correctes qui pourront dénoncer l'erreur de certains, mais souligneront aussi l'honnêteté, la rectitude et la grandeur d'âme du plus grand nombre. En cela, un changement d'attitude envers les migrants et les réfugiés est nécessaire de la part de tous ; il s'agit de passer d'une attitude de défense et de peur, de désintérêt ou de marginalisation à une attitude qui ait comme base la « culture de la rencontre », seule capable de construire un monde plus juste et fraternel, un monde meilleur. Les médias eux aussi sont appelés à entrer dans cette « conversion des attitudes » et à favoriser ce changement de comportement envers les migrants et les réfugiés.

Contre l'intolérance

Discours à une délégation du centre Simon Wiesenthal (pour la mémoire de la Shoah), 24 octobre 2013.

J'ai eu l'occasion de répéter à plusieurs reprises ces dernières semaines que l'Église condamne toute forme d'antisémitisme. Aujourd'hui, je voudrais souligner combien le problème de l'intolérance doit être affronté dans son ensemble : là où une minorité est persécutée et marginalisée en raison de ses convictions religieuses ou ethniques, le bien de toute une société est en danger et nous devons tous nous sentir interpellés. Je pense avec une douleur particulière aux souffrances, à la marginalisation et aux authentiques persécutions que de nombreux chrétiens subissent dans différents pays du monde. Unissons nos forces pour favoriser une culture de la rencontre, du respect, de la compréhension et du pardon réciproques.

Pour la construction d'une telle culture, je voudrais souligner en particulier l'importance de la formation : une formation qui ne soit pas seulement transmission de connaissances, mais passage d'un témoignage vécu, ce qui suppose l'établissement d'une communion de vie, d'une « alliance » avec les jeunes générations, toujours ouverte à la vérité. Nous devons en effet savoir transmettre à celles-ci non seulement des connaissances sur l'histoire du dialogue judéo-catholique, sur les difficultés traversées et les progrès accomplis dans les dernières décennies ; nous devons surtout être en mesure de transmettre la passion pour la rencontre et la connaissance de l'autre, en promouvant une participation active et responsable de nos jeunes. En cela, l'engagement partagé au service de la société et des plus faibles revêt une grande importance.

La rencontre avec Dieu

Discours à l'occasion de la rencontre avec les catéchumènes en conclusion de l'Année de la foi, 23 novembre 2013.

Dieu ne nous a pas créés pour que nous soyons seuls, enfermés sur nous-mêmes, mais pour que nous puissions Le rencontrer, Lui, et nous ouvrir à la rencontre des autres. Dieu le premier vient vers chacun de nous, c'est merveilleux ! Lui vient à notre rencontre ! Dans la Bible Dieu apparaît toujours comme Celui qui prend l'initiative de la rencontre avec l'homme : c'est Lui qui cherche l'homme, et souvent Il le cherche justement alors que l'homme fait l'expérience amère et tragique de trahir Dieu et de Le fuir. Dieu ne tarde pas, Il cherche immédiatement. C'est un chercheur patient, notre Père ! Il nous précède et nous attend toujours. Il ne se lasse pas de nous attendre, Il ne s'éloigne pas de nous, mais Il a la patience d'attendre le moment favorable de la rencontre avec chacun de nous.

Et quand la rencontre advient, ce n'est jamais une rencontre hâtive, parce que Dieu désire rester longuement avec nous, pour nous soutenir, pour nous consoler, pour nous donner sa joie. Dieu a hâte de nous rencontrer, mais Il n'a jamais hâte de nous quitter. Il demeure avec nous. De même que nous avons soif de Lui et que nous Le désirons, de même Lui aussi a le désir d'être avec nous, parce que nous Lui appartenons, nous sommes à Lui, nous sommes ses créatures. On peut dire que Lui aussi a soif de nous, de nous rencontrer. Notre Dieu est assoiffé de nous. Voilà le cœur de Dieu. C'est beau de ressentir cela.

La rencontre avec Jésus

Homélie lors de la visite pastorale à la paroisse romaine Saint-Cyrille d'Alexandrie, 1er décembre 2013.

Nous pouvons nous demander quand nous rencontrerons Jésus. À la fin seulement ? Non, non ! Nous le rencontrons tous les jours. Mais comment ? Dans la prière, lorsqu'on prie, on rencontre Jésus. Lorsqu'on fait sa communion, on rencontre Jésus, dans les sacrements. Lorsqu'on amène son fils pour le baptiser, on rencontre Jésus, on trouve Jésus.

Mais même après la confirmation, toute la vie est une rencontre avec Jésus : dans la prière, lorsque nous allons à la messe et faisons de bonnes œuvres, lorsque nous rendons visite aux malades, lorsque nous aidons un pauvre, lorsque nous pensons aux autres, lorsque nous ne sommes pas égoïstes, que nous sommes aimables... en ces choses, nous rencontrons toujours Jésus. Et le chemin de la vie est précisément cela : marcher pour rencontrer Jésus.

Rappelez-vous toujours ceci : la vie est un chemin, un chemin pour rencontrer Jésus. À la fin et toujours. Un chemin où l'on ne rencontre pas Jésus n'est pas un chemin chrétien. C'est le propre du chrétien de rencontrer toujours Jésus, de le regarder, de se laisser regarder par lui, parce que Jésus nous regarde avec amour, il nous aime tant, il a tant d'affection pour nous et il nous regarde toujours. Rencontrer Jésus signifie également se laisser regarder par lui.

Et sur le chemin – tous pécheurs, tous, tous, nous sommes pécheurs –, même lorsque nous nous trompons, lorsque nous commettons un péché, que nous péchons, Jésus vient et nous pardonne. Et ce pardon que nous recevons dans la confession est une rencontre avec Jésus. Nous rencontrons toujours Jésus.

C'est cela la vie chrétienne : marcher, aller de l'avant, unis en tant que frères, en s'aimant les uns les autres, à la rencontre de Jésus.

Et le don le plus beau est de rencontrer Jésus. En avant, courage !

Les médias

Message pour la XLVIIIe Journée mondiale des communications sociales, 24 janvier 2014.

La culture de la rencontre exige que nous soyons disposés non seulement à donner, mais aussi à recevoir des autres. En particulier, Internet peut offrir plus de possibilités de rencontre et de solidarité entre tous, et c'est une bonne chose, c'est un don de Dieu.

Il y a cependant des aspects problématiques. Les multiples moyens de communication peuvent nous aider à grandir ou, au contraire, nous désorienter. Le désir de connexion numérique peut finir par nous isoler de notre prochain, de nos plus proches voisins. Sans oublier ceux qui, pour diverses raisons, n'ont pas accès aux médias sociaux, et risquent d'être exclus.

Alors, comment la communication peut-elle être au service d'une authentique culture de la rencontre ?

Il ne suffit pas de parcourir les « routes » numériques, c'est-à-dire simplement d'être connecté, il est nécessaire que la connexion s'accompagne d'une rencontre vraie. Nous ne pouvons pas vivre seuls, refermés sur nous-mêmes. Nous avons besoin d'aimer et d'être aimés. Nous avons besoin de tendresse. Ce ne sont pas les stratégies de communication qui en garantissent la beauté, la bonté et la vérité. Le monde des médias ne peut pas ne pas se soucier de l'humanité, il a vocation à exprimer la tendresse. Le réseau numérique peut être un lieu plein d'humanité, pas seulement un réseau de connexions mais de personnes humaines. La neutralité des médias n'est qu'apparente : seul celui qui communique en se mettant soi-même en jeu peut représenter un point de référence. L'implication personnelle est la racine même de sa fiabilité. Pour cette raison, le témoignage chrétien, grâce au réseau internet, peut atteindre les marges du monde.

Je le répète souvent : entre une Église qui prend des coups parce qu'elle sort dans la rue et une Église malade parce qu'elle reste dans l'autoréférence, je préfère sans aucun doute la première. Les routes sont celles du monde où les gens vivent, où l'on peut les rejoindre effectivement et affectivement. Parmi ces routes, il y a aussi les routes numériques, bondées d'êtres humains, souvent blessés, hommes et femmes qui cherchent un salut ou une espérance.

Dialoguer signifie être convaincu que l'autre a quelque chose de bon à dire, faire de la place à son point de vue, à ses propositions. Dialoguer signifie renoncer non pas à ses propres idées et traditions, mais à la prétention qu'elles soient uniques et absolues.

Le dialogue

Méditation matinale, 24 janvier 2014.

Pour dialoguer, l'humilité est nécessaire avant toute chose. On n'a pas besoin d'élever la voix, mais la douceur est nécessaire.

L'humilité, la douceur, le fait de se donner tout entier à tous sont les trois éléments fondamentaux du dialogue. Or, même si cela n'est pas écrit dans la Bible, nous savons tous que pour y parvenir il faut avaler des couleuvres : la paix est à ce prix! La paix se fait avec l'humilité, l'humiliation, en cherchant toujours à voir dans l'autre l'image de Dieu. Beaucoup de problèmes trouvent ainsi leur solution, à travers le dialogue en famille, dans la communauté, dans les quartiers. Face à l'autre, il faut être disposé à reconnaître : « Écoute, excuse-moi, j'ai cru cela… » La bonne attitude à avoir est l'humilité : il est toujours bon de faire le pont, toujours, toujours! Voilà le style de celui qui veut être chrétien, même si ce n'est pas facile, non, ce n'est pas facile!

Pour ouvrir le dialogue, il ne faut pas trop tarder. Les problèmes en effet doivent être affrontés le plus vite possible, dès qu'on peut le faire après le passage de la tempête. Il faut amorcer le dialogue tout de suite, car le temps fait s'élever les murs, comme il fait pousser la mauvaise herbe qui empêche la croissance du bon grain. Et lorsque les murs sont dressés, il est si difficile de se réconcilier, si difficile!

Dans notre cœur aussi nous pouvons avoir, comme à Berlin, un mur élevé contre les autres.

Unité

Chrétiens et juifs

Discours à l'occasion de la visite de courtoisie aux deux Grands rabbins d'Israël au centre Heichal Shlomo de Jérusalem, 26 mai 2014.

Il ne s'agit pas seulement d'établir, sur un plan humain, des relations de respect réciproque : nous sommes appelés, comme chrétiens et comme juifs, à nous interroger en profondeur sur la signification spirituelle du lien qui nous unit. Il s'agit d'un lien qui vient d'en haut, qui dépasse notre volonté et demeure intact malgré toutes les difficultés qu'ont malheureusement vécues nos relations au cours de l'histoire.

Du côté catholique, il y a certainement l'intention de considérer pleinement le sens des racines juives de notre propre foi. J'ai confiance, avec votre aide, que du côté juif se maintienne également et si possible s'accroisse l'intérêt pour la connaissance du christianisme, également sur cette terre bénie où il reconnaît ses propres origines, et spécialement parmi les jeunes générations.

La connaissance réciproque de notre patrimoine spirituel, la mise en valeur de ce que nous avons en commun et le respect à l'égard de ce qui nous distingue pourront servir de guide dans la poursuite de nos relations, que nous remettons entre les mains de Dieu. Ensemble nous pourrons donner une grande contribution à la cause de la paix; ensemble nous pourrons témoigner, dans un monde en rapide transformation, de la signification éternelle du plan divin de la création; ensemble nous pourrons contrer avec fermeté toute forme d'antisémitisme et autres discriminations. Que le Seigneur nous aide à marcher avec confiance et force d'âme dans ses voies. *Shalom!*

Unité de l'Église

Audience générale, 25 septembre 2013.

Unité dans la foi, dans l'espérance, dans la charité, unité dans les sacrements, dans le ministère : ce sont là comme des piliers qui soutiennent et maintiennent l'unique grand édifice de l'Église. Partout où nous allons, même dans la paroisse la plus petite, dans le lieu le plus reculé de cette terre, il y a l'Église une. Nous sommes chez nous, nous sommes en famille, nous sommes entre frères et sœurs. Et cela est un grand don de Dieu! L'Église est une pour tous. Il n'y a pas une Église pour les Européens, une pour les Africains, une pour les Américains, une pour les Asiatiques, une pour ceux qui vivent en Océanie, non, c'est la même partout. C'est comme dans une famille : on peut être loin, éparpillés dans le monde, mais les liens profonds qui unissent tous les membres de la famille demeurent solides quelle que soit la distance.

Cette unité connaît-elle des blessures ? Pouvons-nous blesser cette unité ? Malheureusement, nous voyons que sur le chemin de l'histoire, même maintenant, nous ne vivons pas toujours l'unité. Parfois apparaissent des incompréhensions, des conflits, des tensions, des divisions qui la blessent, et alors l'Église n'a pas le visage que nous voudrions, elle ne manifeste pas la charité, ce que Dieu veut. C'est nous qui créons des déchirements ! Et si nous regardons les divisions qui existent encore parmi les chrétiens, les catholiques, les orthodoxes, les protestants… nous ressentons la difficulté de rendre pleinement visible cette unité. Dieu nous donne l'unité, mais nous avons souvent du mal à la vivre. Il faut chercher, construire la communion, éduquer à la communion, apprendre à surmonter les incompréhensions et les divisions, en commençant par la famille, par les réalités ecclésiales, également dans le dialogue œcuménique. Notre monde a besoin d'unité, c'est une époque où nous avons tous besoin d'unité, nous avons besoin de réconciliation, de communion et l'Église est la Maison de la communion.

Humilité, douceur, magnanimité, amour pour conserver l'unité, telles sont les voies, les véritables voies de l'Église. Répétons-les : humilité contre la vanité, contre l'orgueil, humilité, douceur, magnanimité, amour pour conserver l'unité.

L'harmonie dans l'Église

Audience générale, 9 octobre 2013.

L'Église est catholique, parce qu'elle est la Maison de l'harmonie où unité et diversité savent se conjuguer pour être une richesse. Pensons à l'image de la symphonie, qui veut dire accord, harmonie : divers instruments jouent ensemble, chacun conserve son timbre unique et ses caractéristiques sonores s'accordent sur quelque chose de commun ; ensuite il y a celui qui dirige, le chef d'orchestre, et dans la symphonie qui est exécutée tous jouent ensemble en harmonie, mais le timbre de chaque instrument n'est pas effacé, au contraire la particularité de chacun est valorisée au maximum !

C'est une belle image qui nous dit que l'Église est comme un grand orchestre dans lequel il existe une grande variété d'instruments. Nous ne sommes pas tous pareils et nous ne devons pas l'être. Nous sommes tous divers, différents, chacun avec ses qualités. Voilà ce qui est beau dans l'Église : chacun apporte ce qui est sien, ce que Dieu lui a donné, pour enrichir les autres. Et cette différence qui existe entre les membres n'est pas de celles qui font entrer en conflit, qui font s'opposer les uns aux autres, c'est une variété qui se laisse fondre en harmonie par l'Esprit Saint ; c'est Lui le véritable « Maître », Il est Lui-même harmonie. Alors interrogeons-nous : dans nos communautés visons-nous l'harmonie ou nous disputons-nous entre nous ? Dans ma communauté paroissiale, dans mon mouvement, dans mon lieu d'appartenance à l'Église, y a-t-il des commérages ? S'il y a des commérages il n'y a pas harmonie, mais conflit. Et cela n'est pas l'Église. L'Église est l'harmonie de tous : il ne faut jamais commérer l'un contre l'autre, jamais se disputer !

Unis dans la foi

Audience générale, 30 octobre 2013.

La relation entre Jésus et le Père est la « matrice » du lien entre nous, chrétiens : si nous sommes intimement insérés dans cette matrice, dans ce foyer ardent d'amour, alors nous pouvons devenir vraiment un seul cœur et une seule âme entre nous, parce que l'amour de Dieu brûle nos égoïsmes, nos préjugés, nos divisons intérieures et extérieures. L'amour de Dieu brûle aussi nos péchés.

Notre foi a besoin du soutien des autres, notamment dans les moments difficiles. Si nous sommes unis la foi devient forte. Qu'il est beau de nous soutenir les uns les autres dans l'aventure merveilleuse de la foi ! Je dis cela parce que la tendance à s'enfermer dans le privé a influencé aussi le domaine religieux, si bien que très souvent on a du mal à demander l'aide spirituelle de ceux qui partagent avec nous l'expérience chrétienne. Qui d'entre nous n'a pas fait l'expérience de l'incertitude, du désarroi et même du doute sur le chemin de la foi ? Nous en avons tous fait l'expérience, moi aussi : cela fait partie du chemin de la foi, cela fait partie de notre vie. Tout cela ne doit pas nous surprendre, parce que nous sommes tous fragiles, nous avons tous des limites. Toutefois, dans ces moments difficiles, il faut avoir confiance en l'aide de Dieu, à travers la prière filiale ; et, en même temps, il est important de trouver le courage et l'humilité de s'ouvrir aux autres, pour demander de l'aide, pour demander un coup de main. Combien de fois avons-nous fait cela avant de réussir à résoudre le problème et trouver Dieu de nouveau ! Dans cette communion – communion veut dire commune union – nous sommes une grande famille, où toutes les composantes s'aident et se soutiennent entre elles.

Unité et diversité

Homélie lors de la célébration des vêpres avec les universitaires des Athénées romains, 30 novembre 2013.

Le contexte socioculturel dans lequel vous êtes insérés est parfois alourdi par la médiocrité et l'ennui. Il ne faut pas se résigner à la monotonie de la vie quotidienne, mais cultiver des projets d'une vaste portée, aller au-delà de l'ordinaire : ne vous laissez pas voler l'enthousiasme de la jeunesse ! Ce serait une erreur aussi de se laisser emprisonner par la pensée faible et uniforme, celle qui est homologuée, ou bien par une mondialisation entendue comme homogénéisation. Pour dépasser ces risques, le modèle à suivre n'est pas la sphère. Le modèle à suivre dans la véritable mondialisation – qui est bonne – n'est pas la sphère, où tout relief est nivelé et où disparaît toute différence ; c'est au contraire le polyèdre, qui inclut une multiplicité d'éléments et respecte l'unité dans la variété. En défendant l'unité, défendons aussi la diversité. Sinon, cette unité ne serait pas humaine.

En effet, la pensée est féconde quand elle est l'expression d'un esprit ouvert, qui discerne, toujours éclairé par la vérité, par le bien et par la beauté. Si vous ne vous laissez pas conditionner par l'opinion dominante mais que vous restez fidèles aux principes éthiques et religieux chrétiens, vous trouverez le courage d'aller à contre-courant. Dans un univers mondialisé, vous pourrez contribuer à sauvegarder les particularités et les singularités, tout en cherchant à ne pas abaisser le niveau éthique.

La politique

Politique et bien commun

Méditation matinale, 16 septembre 2013.

Celui qui gouverne doit avant tout aimer son peuple. Les notables juifs disent à Jésus [à propos du centurion romain] : « Il mérite que tu lui accordes ce qu'il demande car il aime notre peuple » (Luc 7,4-5). Si celui qui gouverne n'aime pas son peuple il ne peut pas gouverner. Il peut tout au plus assurer l'ordre, mais il ne peut pas gouverner.

Donc tout homme et toute femme qui a une responsabilité de gouvernement doit se poser ces deux questions : « Est-ce que j'aime mon peuple afin de mieux le servir ? Suis-je assez humble pour écouter les opinions des autres afin de choisir la meilleure voie ? » Si les gouvernants ne se posent pas ces questions, leur gouvernement ne sera pas bon.

Cela signifie que personne parmi nous ne peut dire : « Cela ne me regarde pas, ce sont eux qui gouvernent. » Non, chacun de nous est responsable de leur gouvernement, et l'on doit faire de son mieux pour qu'ils gouvernent bien, en participant comme on peut à la politique. La politique, selon la doctrine sociale de l'Église, est une des formes les plus élevées de la charité, car elle sert le bien commun. Et on ne peut pas s'en laver les mains : chacun de nous doit faire quelque chose. Mais nous avons tellement pris l'habitude de nous contenter de discuter de ceux qui nous gouvernent et de critiquer leurs actions.

Celui qui gouverne est sans doute un pécheur, comme [le roi] David l'a été. Mais on doit collaborer, par son opinion, par sa parole, par la correction aussi : « Je ne suis pas d'accord pour telle raison. » Nous devons participer au bien commun. Parfois on entend dire : « Un bon catholique ne s'intéresse pas à la politique. » Ce n'est pas vrai ! Un bon catholique se mêle de politique en donnant le meilleur de lui-même pour que celui qui gouverne puisse gouverner.

La tâche des politiques

Evangelii gaudium, 205, 24 novembre 2013.

Je demande à Dieu que s'accroisse le nombre d'hommes politiques capables d'entrer dans un authentique dialogue visant efficacement à soigner les racines profondes et non seulement l'apparence des maux de notre monde ! La politique, tant dénigrée, est une vocation très noble, elle est une des formes les plus précieuses de la charité, parce qu'elle cherche le bien commun. Nous devons nous convaincre que la charité est le principe non seulement des micro-relations – rapports amicaux, familiaux, en petits groupes – mais également des macro-relations – rapports sociaux, économiques, politiques.

Je prie le Seigneur qu'Il nous offre davantage d'hommes politiques qui aient vraiment à cœur la société, le peuple, la vie des pauvres ! Il est indispensable que les gouvernants et le pouvoir financier lèvent les yeux et élargissent leurs perspectives, qu'ils fassent en sorte que tous les citoyens aient un travail digne, une instruction et une assistance sanitaire. Et pourquoi ne pas recourir à Dieu afin qu'Il inspire leurs plans ? Je suis convaincu qu'à partir d'une ouverture à la transcendance pourrait naître une nouvelle mentalité politique et économique, qui aiderait à dépasser la dichotomie absolue entre économie et bien commun social.

Le soutien de l'Église

Discours aux nouveaux ambassadeurs du Kirghizstan,
d'Antigua-et-Barbuda, du grand-duché de Luxembourg
et du Botswana accrédités près le Saint-Siège, 16 mai 2013.

Tout comme la solidarité, l'éthique dérange ! Elle est considérée comme contre-productive, comme trop humaine car elle relativise l'argent et le pouvoir, comme une menace car elle refuse la manipulation et l'assujettissement de la personne. En effet l'éthique conduit vers Dieu qui, Lui, se situe en dehors des catégories du marché. Dieu est considéré par ces financiers, économistes et politiques comme étant incontrôlable – Dieu, incontrôlable ! –, dangereux même puisqu'Il appelle l'homme à s'accomplir pleinement et à se libérer de toutes les formes d'esclavage. L'éthique – une éthique non idéologique bien sûr – permet, à mon avis, de créer un équilibre et un ordre social plus humains.

Il serait souhaitable de réaliser une réforme financière qui soit éthique et entraînerait à son tour une réforme économique salutaire pour tous. Celle-ci demanderait toutefois un changement d'attitude courageux des dirigeants politiques. Je les exhorte à faire face à ce défi avec détermination et clairvoyance, en tenant compte de la particularité des contextes.

L'Église, pour sa part, travaille toujours au développement intégral de chaque personne. En ce sens, elle rappelle que le bien commun ne devrait pas être une question annexe, un simple thème de réflexion de moindre importance dans les programmes politiques. L'Église encourage les gouvernants à être vraiment au service du bien commun de leurs populations. Elle exhorte les dirigeants des instances financières à prendre en compte l'éthique et la solidarité. Et pourquoi ne se tourneraient-ils pas vers Dieu pour s'inspirer de ses desseins ? Il se créerait alors une nouvelle mentalité politique et économique qui contribuerait à transformer l'absolue dichotomie entre les sphères économique et sociale en une saine collaboration.

La politique est un devoir

Discours aux étudiants et professeurs des écoles gérées par les jésuites en Italie et en Albanie, 7 juin 2013.

S'impliquer dans la politique est une obligation pour un chrétien. Nous chrétiens, nous ne pouvons pas « jouer à Ponce Pilate », nous en laver les mains, c'est impossible. Nous devons nous impliquer dans la politique, parce que c'est l'une des formes les plus élevées de la charité, parce que la politique recherche le bien commun. Et les laïcs chrétiens doivent travailler en politique. Vous me direz que ce n'est pas facile. Mais il n'est pas facile non plus de devenir prêtre ! Il n'y a pas de choses faciles dans la vie. Ce n'est pas facile car la politique est devenue trop corrompue, or moi je me demande pourquoi elle s'est corrompue. N'est-ce pas parce que les chrétiens ne s'y sont pas impliqués dans un esprit évangélique ? Posons-nous cette question : « C'est facile de dire que c'est la faute d'untel, mais moi, qu'est-ce que je fais ? » C'est un devoir ! Travailler pour le bien commun est le devoir d'un chrétien ! Et tant de fois la voie pour y travailler est la politique. Il y en a d'autres : l'enseignement par exemple. Mais l'action politique est l'une des voies pour œuvrer au bien commun. Cela est clair.

Réhabiliter la politique

Discours lors de la rencontre avec la classe dirigeante du Brésil, Rio de Janeiro, 27 juillet 2013.

L'avenir exige aujourd'hui un travail de réhabilitation de la politique, qui est une des formes les plus élevées de la charité. L'avenir exige aussi une vision humaniste de l'économie et une politique qui mène les gens à toujours plus de participation, qui évite les élitismes et éradique la pauvreté.

Que personne ne soit privé du nécessaire et que dignité, fraternité et solidarité soient assurées à tous : telle est la voie à proposer.

Les cris de ceux qui demandent justice se font encore entendre aujourd'hui. Celui qui a un rôle de guide, permettez-moi de le dire, celui que la vie a « oint » comme guide, doit avoir des objectifs concrets et rechercher les moyens spécifiques pour les atteindre.

C'est le propre du leadership que de choisir la plus juste des options après les avoir considérées en partant de sa propre responsabilité et de l'intérêt du bien commun ; par cette voie, on va au cœur des maux de la société pour les vaincre par l'audace d'actions courageuses et libres. Il est de notre responsabilité, bien que nos moyens soient toujours limités, de comprendre toute la réalité, en observant, soupesant, évaluant, pour prendre des décisions dans le moment présent, mais en élargissant le regard vers l'avenir, en réfléchissant sur les conséquences des décisions. Celui qui agit de manière responsable confronte sa propre action aux droits des autres et au jugement de Dieu. Ce sens éthique apparaît aujourd'hui comme un défi historique sans précédent, nous devons le rechercher, nous devons l'insérer dans la société même. Au-delà de la rationalité scientifique et technique, dans la situation actuelle s'impose la nécessité morale d'une responsabilité sociale et profondément solidaire.

Le défi de la diplomatie

Préface au livre du cardinal Tarcisio Bertone sur la diplomatie pontificale, 10 novembre 2013.

À travers ses protagonistes, ses règles et ses méthodes, la diplomatie est un instrument concourant à l'édification du bien commun, appelé avant tout à lire les événements internationaux, pour interpréter la réalité. Cette réalité, c'est nous, la famille humaine en mouvement, comme une œuvre en perpétuelle construction, qui inclut le lieu et le temps où s'incarne notre histoire de femmes et d'hommes, de communautés, de peuples. La diplomatie est donc un service, non une activité otage d'intérêts particuliers dont les guerres, les conflits civils et les diverses formes de violence sont les conséquences logiques mais amères. Elle n'est pas un instrument destiné à satisfaire les exigences d'un petit nombre excluant les majorités, engendrant la pauvreté et l'exclusion, tolérant tout type de corruption, produisant des privilèges et des injustices.

La crise profonde de convictions, de valeurs, d'idées offre à l'activité diplomatique une nouvelle chance qui est en même temps un défi. Le défi de concourir à de nouvelles relations entre les différents peuples, des relations vraiment justes et solidaires permettant à toutes les nations et à toutes les personnes d'être respectées dans leur identité et dignité, et promues dans leur liberté.

Il ne suffit pas d'éviter l'injustice, encore faut-il promouvoir la justice.

Centralité de l'homme

Lettre au Premier ministre du Royaume-Uni David Cameron, à l'occasion de la rencontre du G8 à Lough Erne, 15 juin 2013.

L'objectif de l'économie et de la politique est de servir l'humanité, en commençant par les plus pauvres et les plus vulnérables, où qu'ils se trouvent, même dans le sein de leur mère. Toute théorie ou action économique et politique doit s'efforcer d'assurer à chaque habitant de la planète les ressources minimales pour vivre dans la dignité et la liberté, avec la possibilité de subvenir aux besoins d'une famille, d'éduquer ses enfants, de louer Dieu et de développer ses propres capacités humaines. C'est là le principal. Sans cette vision, toute activité économique serait dénuée de sens.

Pour cela, les divers et graves défis économiques et politiques que doit affronter le monde aujourd'hui exigent un changement courageux d'attitude qui rende la place qui leur est due à la fin (la personne humaine) et aux moyens (économiques et politiques). L'argent et les autres outils politiques et économiques doivent servir et non pas gouverner, en gardant à l'esprit que, de façon apparemment paradoxale, la solidarité gratuite et désintéressée est la clé du bon fonctionnement de l'économie mondiale.

Les chrétiens

L'engagement des chrétiens

Message pour le Carême 2014.

À l'exemple de notre Maître, nous chrétiens sommes appelés à regarder la misère de nos frères, à la toucher, à la prendre sur nous et à œuvrer concrètement pour la soulager. La misère ne coïncide pas avec la pauvreté ; la misère c'est la pauvreté sans confiance, sans solidarité, sans espérance. Nous pouvons distinguer trois types de misère : la misère matérielle, morale et spirituelle. La misère matérielle, appelée communément pauvreté, frappe tous ceux qui vivent dans une situation contraire à la dignité de la personne humaine : ceux qui sont privés des droits fondamentaux et des biens de première nécessité comme la nourriture, l'eau et les conditions d'hygiène, le travail, la possibilité de se développer et de croître culturellement. Face à cette misère, l'Église offre son service, sa *diakonia*, pour répondre aux besoins et soigner ces plaies qui enlaidissent le visage de l'humanité. Nous voyons dans les pauvres et les laissés-pour-compte le visage du Christ ; en aimant et en aidant les pauvres nous aimons et nous servons le Christ. Notre engagement nous pousse aussi à faire en sorte que dans le monde cessent les atteintes à la dignité humaine, les discriminations et les abus qui sont si souvent à l'origine de la misère. Lorsque le pouvoir, le luxe et l'argent deviennent des idoles, ils prennent le pas sur l'exigence d'une distribution équitable des richesses. C'est pourquoi il est nécessaire que les consciences se convertissent à la justice, à l'égalité, à la sobriété et au partage.

Il s'agit de suivre et d'imiter Jésus qui est allé vers les pauvres et les pécheurs comme le berger est allé à la recherche de la brebis perdue, avec tout son amour. Unis à lui, nous pouvons ouvrir courageusement de nouveaux chemins d'évangélisation et de développement humain.

La culture chrétienne

Evangelii gaudium, 68, 24 novembre 2013.

Le substrat chrétien de certains peuples – surtout occidentaux – est une réalité vivante. Nous trouvons là, surtout chez les personnes qui sont dans le besoin, une réserve morale qui garde les valeurs d'un authentique humanisme chrétien. Un regard de foi sur la réalité ne peut oublier de reconnaître ce que sème l'Esprit Saint. L'oublier, cela signifierait ne pas avoir confiance dans son action libre et généreuse, penser qu'il n'y a pas d'authentiques valeurs chrétiennes là où une grande partie de la population a reçu le baptême et exprime sa foi et sa solidarité fraternelle de multiples manières. Il faut reconnaître là beaucoup plus que des « semences du Verbe », il s'agit d'une foi catholique authentique avec des modalités propres d'expression et d'appartenance à l'Église. Il n'est pas bien d'ignorer l'importance décisive que revêt une culture marquée par la foi, parce que cette culture évangélisée, au-delà de ses limites, a beaucoup plus de ressources qu'une simple masse de croyants confrontés aux attaques du sécularisme actuel. Une culture populaire évangélisée contient des valeurs de foi et de solidarité qui peuvent provoquer le développement d'une société plus juste et croyante, elle possède une sagesse propre qu'il faut savoir reconnaître avec un regard plein de reconnaissance.

L'union des chrétiens

Déclaration commune lors de la rencontre privée
avec le patriarche œcuménique de Constantinople à Jérusalem,
25 mai 2014.

C'est une nécessité urgente que les chrétiens coopèrent effectivement et s'engagent en vue de sauvegarder partout le droit d'exprimer publiquement sa foi, et d'être traité équitablement lorsqu'on promeut ce que le christianisme continue d'offrir à la société et à la culture contemporaines. À ce propos, nous invitons tous les chrétiens à promouvoir un authentique dialogue avec le judaïsme, l'islam et d'autres traditions religieuses. L'indifférence et l'ignorance mutuelles ne peuvent que conduire à la méfiance, voire, malheureusement, au conflit.

Dans un contexte historique marqué par la violence, l'indifférence et l'égoïsme, beaucoup d'hommes et de femmes sentent aujourd'hui qu'ils ont perdu leurs repères. C'est précisément à travers notre témoignage commun de la bonne nouvelle de l'Évangile que nous pouvons être capables d'aider nos contemporains à redécouvrir la voie qui conduit à la vérité, à la justice et à la paix. Unis dans nos intentions et nous souvenant de l'exemple, il y a cinquante ans, du pape Paul VI et du patriarche Athénagoras, nous appelons tous les chrétiens, ainsi que les croyants de toutes les traditions religieuses et tous les hommes de bonne volonté, à reconnaître l'urgence du moment, qui nous oblige à chercher la réconciliation et l'unité de la famille humaine tout en respectant pleinement les différences légitimes, pour le bien de toute l'humanité d'aujourd'hui et des générations futures.

La dimension concrète de l'amour chrétien

Méditation matinale, 9 janvier 2014.

L'amour vrai n'est pas celui des feuilletons télévisés. Il n'est pas fait d'illusions. L'amour vrai est concret, il vise les faits, non les paroles ; il s'appuie sur le don, non sur la recherche d'avantages.

L'amour chrétien a toujours une qualité : celle d'être concret. L'amour chrétien est concret. Jésus lui-même, lorsqu'il parle de l'amour, nous parle de choses concrètes : nourrir les affamés, visiter les malades. Ce sont des choses concrètes parce que, précisément, l'amour est concret. C'est là le caractère de la foi chrétienne.

En l'absence de cela, on finit par vivre un christianisme d'illusions, car on ne comprend pas bien où est le centre du message de Jésus. L'amour ne parvient pas à être concret et devient un amour d'illusions. Les disciples aussi ont été dans l'illusion lorsque, regardant Jésus, ils ont cru que c'était un fantôme, comme le raconte le passage de l'évangile de Marc (6,45-52). Mais un amour d'illusions, non concret, ne nous fait pas du bien.

L'amour est davantage dans les œuvres que dans les paroles. Jésus lui-même l'a dit, ce ne sont pas ceux qui disent : « Seigneur, Seigneur » et parlent beaucoup qui entreront dans le Royaume des Cieux, mais ceux qui font la volonté de Dieu. Nous sommes donc invités à être concrets en faisant les œuvres de Dieu.

Il est une question que chacun doit se poser : « Si je demeure en Jésus, je demeure dans le Seigneur, je demeure dans l'amour, qu'est-ce que je fais – non pas qu'est-ce que je pense ou dis – pour Dieu, ou qu'est-ce que je fais pour les autres ? » Le premier critère donc est d'aimer avec les œuvres, non avec les paroles. Les paroles d'ailleurs sont emportées par le vent : aujourd'hui elles sont là, demain elles n'y seront plus. Le second critère pour que l'amour soit concret, c'est que dans l'amour il est plus important de donner que de recevoir.

Le zèle du chrétien

Méditation matinale, 16 mai 2013.

Le chrétien, par son témoignage de vérité, doit déranger nos structures confortables, quitte à avoir des ennuis, parce qu'il est animé d'une saine folie spirituelle qui le pousse vers les marges du monde. À l'exemple de saint Paul qui allait de bataille en bataille, les croyants ne doivent pas se réfugier dans une vie tranquille ou dans les compromis : aujourd'hui dans l'Église il y a trop de chrétiens de salon, bien éduqués, tièdes, pour lesquels tout va bien, mais qui n'ont pas d'ardeur apostolique.

Paul dérange : par sa prédication, son travail, son attitude, c'est un homme qui dérange justement parce qu'il annonce Jésus-Christ. Et l'annonce de Jésus-Christ dérange souvent nos conforts, nos structures confortables, même chrétiennes. Le Seigneur veut toujours que nous allions plus loin, plus loin, plus loin, que nous ne nous réfugiions pas dans une vie tranquille ou dans des structures caduques.

On ne peut comprendre la ferveur apostolique, le zèle apostolique que dans une atmosphère d'amour : sans l'amour, on ne comprend pas, car le zèle apostolique a quelque chose de la folie, mais une folie spirituelle, une saine folie. Et Paul avait cette saine folie.

Que l'Esprit Saint nous donne à tous cette ferveur apostolique ; qu'Il nous donne aussi la grâce de déranger les choses qui sont trop tranquilles dans l'Église, la grâce d'aller de l'avant vers les marges du monde. L'Église a tant besoin de cela ! Non seulement dans les pays lointains, dans les jeunes Églises, chez les peuples qui ne connaissent pas encore Jésus-Christ, mais ici, en ville, en ville justement, on a besoin de cette annonce de Jésus-Christ. Demandons donc à l'Esprit Saint cette grâce du zèle apostolique. Et si nous dérangeons, que le Seigneur soit loué. En avant, comme dit le Seigneur à Paul : « Courage ! »

La justice des chrétiens

Méditation matinale, 13 juin 2013.

Jésus est le nouveau Moïse que Dieu avait promis. Il annonce la nouvelle Loi : les Béatitudes, le Sermon sur la montagne. De même que Moïse sur le mont Sinaï avait annoncé la Loi, Jésus est venu pour annoncer qu'il ne vient pas pour abolir la Loi antérieure, mais pour l'accomplir, pour la faire avancer, la faire mûrir davantage, pour qu'elle arrive à sa plénitude.

Lorsque Jésus fait ce discours, il commence par cette phrase : « Votre justice doit être supérieure à celle que vous voyez aujourd'hui, celle des scribes et des pharisiens. » Si cette justice n'est pas supérieure, les hommes se perdront, ils n'entreront pas dans le Royaume des Cieux. C'est pourquoi celui qui entre dans la vie chrétienne, celui qui accepte de suivre ce chemin, a des exigences supérieures à celles de tous les autres. Il n'a pas d'avantages supérieurs, non ! Il a des exigences supérieures. Et Jésus en mentionne quelques-unes, mais il traite aussi du thème de la relation négative envers les frères. Les paroles de Jésus ne laissent pas d'alternative : « Vous avez appris qu'il a été dit dans le passé : Tu ne tueras pas. Celui qui tue en répondra au tribunal. Et moi je vous dis : quiconque se met en colère contre son frère mérite d'être condamné et quiconque l'insulte devra en répondre au tribunal. »

DEUXIÈME PARTIE

LES INJUSTICES DU MONDE

Homme, qui es-tu ? Je ne te reconnais plus.
Qui es-tu, homme ? Qu'est-ce que tu es devenu ?
De quelle horreur as-tu été capable ?
Qu'est-ce qui t'a fait tomber si bas ?

Discours au mémorial de Yad Vashem,
Jérusalem, 26 mai 2014

La pauvreté

La culture du rebut et du gaspillage

Audience générale, 5 juin 2013.

La culture du rebut tend à devenir une mentalité commune, qui contamine tout le monde. La vie humaine, la personne, n'est plus considérée comme une valeur primordiale à respecter et à garder, en particulier si elle est pauvre ou handicapée, si elle ne sert pas encore – comme l'enfant à naître – ou si elle ne sert plus – comme la personne âgée. Cette culture du rebut nous a rendus insensibles également aux gaspillages alimentaires, qui sont encore plus répréhensibles lorsque dans chaque partie du monde, malheureusement, de nombreuses personnes et familles souffrent de la faim et de la malnutrition. Jadis, nos grands-parents faisaient très attention à ne rien jeter de la nourriture qui restait après un repas. Le consumérisme nous a poussés à nous habituer au superflu et au gaspillage quotidien de nourriture, à laquelle parfois nous ne sommes plus capables de donner sa juste valeur qui va bien au-delà des simples paramètres économiques. Rappelons-nous bien cependant que lorsque l'on jette de la nourriture, c'est comme si l'on volait la nourriture à la table du pauvre, à celui qui a faim! J'invite chacun à réfléchir sur le problème de la perte et du gaspillage de la nourriture, pour identifier des attitudes et des moyens qui, en affrontant sérieusement cette problématique, puissent être des instruments de solidarité et de partage avec les personnes le plus dans le besoin.

Dans le récit du miracle des pains, Jésus donne à manger à la foule avec cinq pains et deux poissons. Et la conclusion de ce passage est importante : « Ils mangèrent et furent tous rassasiés, et ce qu'ils avaient eu de reste fut emporté : douze couffins » (Luc 9,17). Jésus demande à ses disciples que rien ne soit perdu : pas de gaspillage!

Douze est le nombre des tribus d'Israël, il représente de façon symbolique le peuple tout entier. Et cela nous dit que lorsque la nourriture est partagée de façon équitable, avec solidarité, personne ne manque du nécessaire, chaque communauté peut répondre aux besoins des plus pauvres. Écologie humaine et écologie de l'environnement vont de pair.

Je voudrais alors que nous prenions tous l'engagement sérieux de respecter et de prendre soin de la création, d'être attentifs à chaque personne, de combattre la culture du gaspillage et du rebut, pour promouvoir une culture de la solidarité et de la rencontre.

Le scandale de la faim

Message pour la Journée mondiale de l'alimentation, 16 octobre 2013.

C'est un scandale que la faim et la malnutrition soient encore présentes dans le monde ! Il ne s'agit pas seulement de répondre aux urgences immédiates, mais d'affronter ensemble, à tous les niveaux, un problème qui interpelle notre conscience personnelle et sociale, pour parvenir à une solution juste et durable. Que personne ne soit contraint d'abandonner sa terre et son milieu culturel par manque de moyens essentiels à sa subsistance ! Paradoxalement, à une époque où la mondialisation permet de connaître les situations de besoin dans le monde et de multiplier les échanges et les rapports humains, semble croître la tendance à l'individualisme et à la fermeture sur soi, qui conduit à une certaine attitude d'indifférence – au niveau personnel, des institutions et des États – à l'égard de qui meurt de faim ou souffre de dénutrition. Comme si cela était un fait inéluctable. Mais la faim et la dénutrition ne peuvent jamais être considérées comme un fait normal auquel il faudrait s'habituer parce que cela ferait partie du système. Quelque chose doit changer en nous-mêmes, dans notre mentalité, dans nos sociétés. Que pouvons-nous faire ? Je pense que renverser avec fermeté les barrières de l'individualisme, de la fermeture sur soi, de l'esclavage du profit à tout prix constituerait un pas important, et cela non seulement dans les dynamiques des relations humaines, mais aussi dans les dynamiques économico-financières mondiales. Je pense qu'il est nécessaire, aujourd'hui plus que jamais, de nous éduquer à la solidarité, de redécouvrir la valeur et la signification de ce mot si dérangeant et souvent écarté, en faisant qu'il devienne une attitude de fond dans les choix politiques, économiques et financiers, dans les relations entre les personnes, entre les peuples et entre les nations. Ce n'est qu'en étant solidaires de manière concrète, en dépassant les visions égoïstes et les intérêts partisans, que nous pourrons enfin éliminer les formes d'indigence causées par le manque de nourriture. Une solidarité qui ne se réduise pas aux différentes formes d'assistance, mais qui œuvre pour assurer à un nombre de personnes toujours plus grand une indépendance économique.

L'enseignement de la pauvreté

Discours à l'assemblée plénière de l'Union internationale
des supérieures générales, 8 mai 2013.

La pauvreté comme dépassement de tout égoïsme dans la logique de l'Évangile qui enseigne à avoir confiance dans la Providence de Dieu. La pauvreté comme indication à toute l'Église que ce n'est pas nous qui construisons le Royaume de Dieu, que ce ne sont pas les moyens humains qui le font croître, mais que c'est avant tout la puissance, la grâce du Seigneur, qui œuvre à travers notre faiblesse. « Ma grâce te suffit : car la puissance se déploie dans la faiblesse », affirme l'apôtre des nations (2 Corinthiens 12,9). Une pauvreté qui enseigne la solidarité, le partage et la charité, et qui s'exprime également dans la sobriété et la joie de l'essentiel, pour mettre en garde contre les idoles matérielles qui sont une offense au sens authentique de la vie. Une pauvreté qui s'apprend avec les humbles, les pauvres, les malades et tous ceux qui vivent aux marges du monde. La pauvreté abstraite ne sert à rien. La pauvreté s'apprend en touchant la chair du Christ pauvre, chez les humbles, les pauvres, les malades, les enfants.

Pour éliminer l'injustice

Discours pour la 38e session de l'Organisation des Nations unies pour l'alimentation et l'agriculture (FAO), 20 juin 2013.

Il y a des millions de personnes qui souffrent et meurent de faim. Cela, chers amis, constitue un véritable scandale. Il est donc nécessaire de trouver les moyens pour que tous puissent bénéficier des fruits de la terre. Non seulement pour éviter que ne s'élargisse le fossé entre celui qui a beaucoup et celui qui doit se contenter des miettes, mais aussi et surtout pour répondre à une exigence de justice, d'équité et de respect envers chaque être humain.

On peut et on doit faire plus pour donner vigueur à l'action internationale en faveur des pauvres. Pas seulement en étant animés par la bonne volonté ou, pire, en énonçant des promesses souvent non tenues. On ne peut pas non plus continuer à se donner comme alibi quotidien la crise mondiale actuelle, dont d'ailleurs on ne pourra sortir complètement tant que les situations et les conditions de vie ne seront pas considérées à travers le prisme de la personne humaine et de sa dignité.

Personne et dignité humaine risquent de devenir des abstractions face à des réalités, comme le recours à la force, la guerre, la malnutrition, l'exclusion, la violence, la violation des libertés fondamentales ou la spéculation financière qui en ce moment conditionne le prix des aliments en les traitant comme n'importe quelle autre marchandise, oubliant leur destination première. Notre tâche est de proposer à nouveau, dans le contexte international actuel, la personne et la dignité humaine non comme un simple rappel, mais plutôt comme les piliers sur lesquels construire des règles partagées et des structures qui, en dépassant le pragmatisme ou le seul constat technique, soient en mesure d'éliminer les divisions et de combler les inégalités.

Dans cette optique, il est nécessaire de combattre la myopie des intérêts économiques et les logiques de pouvoir de quelques-uns qui mettent de côté la majorité de la population mondiale et engendrent pauvreté et exclusion avec des effets destructeurs pour la société. De même qu'il est nécessaire de combattre la corruption qui produit des privilèges pour certains et des injustices pour le plus grand nombre.

Le cri de la pauvreté

Discours aux étudiants et professeurs des écoles gérées par les jésuites en Italie et en Albanie, 7 juin 2013.

J'ai besoin de vivre parmi les gens, et si je vivais seul, peut-être un peu isolé, cela ne me ferait pas du bien. Un professeur m'a demandé : « Mais pourquoi n'allez-vous pas habiter là-bas ? » J'ai répondu : « Pour des raisons psychologiques. » C'est ma personnalité. Certes, l'appartement [du palais pontifical] n'est pas très luxueux... Mais je ne peux pas vivre seul, comprends-tu ? Et puis je pense qu'en effet, à l'époque actuelle, on nous parle tant de la pauvreté dans le monde qui est un scandale. Dans un monde où il y a tant, tant de richesses, tant de ressources pour donner à manger à tous, on ne comprend pas comment il se fait qu'il y ait tant d'enfants qui ont faim, tant d'enfants sans éducation, tant de pauvres ! La pauvreté aujourd'hui est un cri. Nous devons tous penser à devenir un peu plus pauvres. Comment puis-je devenir un peu plus pauvre pour ressembler davantage à Jésus, qui était le Maître pauvre ? Telle est la question. Mais ce n'est pas pour moi une question de vertu personnelle, c'est seulement que je ne peux pas vivre seul. Même réponse pour la question de la voiture et des choses dont tu as parlé : je désire ne pas avoir tant de choses, et devenir un peu plus pauvre, c'est cela.

La voie de la pauvreté

Discours lors de la rencontre avec les pauvres, les chômeurs et les immigrés secourus par la Caritas à Assise, 4 octobre 2013.

Suivre Jésus signifie le mettre à la première place, nous dépouiller des nombreuses choses que nous avons et qui étouffent notre cœur, renoncer à nous-mêmes, prendre la Croix et la porter avec Jésus. Nous dépouiller du moi orgueilleux et nous détacher de l'avidité de l'avoir, de l'argent, qui est une idole possessive.

Nous sommes tous appelés à être pauvres, à nous dépouiller de nous-mêmes, et pour cela nous devons apprendre à être avec les pauvres, partager avec ceux qui sont privés du nécessaire, toucher la chair du Christ ! Le chrétien n'est pas quelqu'un qui n'a que les pauvres à la bouche, non ! C'est quelqu'un qui les rencontre, qui les regarde dans les yeux, qui les touche. Je suis ici non pas pour « faire la une », mais pour indiquer que cette voie est la voie chrétienne, celle qu'a parcourue saint François.

Pour tous, pour notre société également qui donne des signes de fatigue, si nous voulons nous sauver du naufrage, il est nécessaire de suivre la voie de la pauvreté, qui n'est pas la misère – celle-ci est à combattre – mais qui consiste à savoir partager, à être plus solidaires de ceux qui sont dans le besoin, à se fier davantage à Dieu et moins à nos forces humaines.

Dans ce lieu qui nous interpelle, je voudrais prier afin que chaque chrétien, l'Église, chaque homme et femme de bonne volonté sache se dépouiller de ce qui n'est pas essentiel pour aller à la rencontre de celui qui est pauvre et demande à être aimé.

Combattre la pauvreté

Message pour la célébration de la XLVIIe Journée mondiale de la paix, 1er janvier 2014.

Dans de nombreuses sociétés, nous expérimentons une profonde pauvreté relationnelle due à la carence de solides relations familiales et communautaires. Nous assistons avec préoccupation à la croissance de différents types de malaise, de marginalisation, de solitude et de formes variées de dépendance pathologique. Une semblable pauvreté peut être dépassée seulement par la redécouverte et la valorisation de rapports fraternels au sein des familles et des communautés, à travers le partage des joies et des souffrances, des difficultés et des succès qui accompagnent la vie des gens.

En outre, si d'un côté on assiste à une réduction de la pauvreté en valeur absolue, de l'autre on ne peut pas ne pas reconnaître une grave croissance de la pauvreté relative, c'est-à-dire des inégalités entre personnes et groupes qui vivent dans une même région, ou dans un même contexte historico-culturel. En ce sens, des politiques efficaces qui promeuvent le principe de la fraternité sont aussi utiles, assurant aux personnes – égales dans leur dignité et dans leurs droits fondamentaux – d'accéder aux « capitaux » de la société : aux services, aux ressources éducatives, sanitaires, technologiques afin que chacun ait l'opportunité d'exprimer et de réaliser son projet de vie, et puisse se développer pleinement comme personne.

Enfin, il y a une dernière manière de promouvoir la fraternité – et ainsi de vaincre la pauvreté – qui doit être à la base de toutes les autres. C'est le détachement de celui qui choisit d'adopter un style de vie sobre et basé sur l'essentiel, de celui qui, partageant ses propres richesses, réussit ainsi à faire l'expérience de la communion fraternelle avec les autres. Cela est fondamental pour suivre Jésus-Christ et être vraiment des chrétiens.

L'indifférence

La mondialisation de l'indifférence

Homélie lors de la visite à Lampedusa, 8 juillet 2013.

Dieu demande à chacun de nous : « Où est le sang de ton frère qui crie vers moi ? » Aujourd'hui personne dans le monde ne se sent responsable de cela, nous avons perdu le sens de la responsabilité fraternelle, nous sommes tombés dans l'attitude hypocrite du prêtre et du serviteur de l'autel dont parlait Jésus dans la parabole du bon Samaritain. Nous regardons le frère à demi mort sur le bord de la route, peut-être pensons-nous : « Le pauvre ! » et nous continuons notre route, en nous disant que ce n'est pas notre affaire ; et ainsi nous nous mettons l'âme en paix, nous nous sentons en règle. La culture du bien-être, qui nous amène à penser à nous-mêmes, nous rend insensibles aux cris des autres, nous fait vivre dans des bulles, de belles bulles de savon mais qui ne sont rien sinon l'illusion du futile, du provisoire, illusion qui porte à l'indifférence envers les autres, et même à la mondialisation de l'indifférence. Nous sommes habitués à la souffrance de l'autre, cela ne nous regarde pas, ne nous intéresse pas, ce n'est pas notre affaire !

Nous sommes une société qui a oublié l'expérience des pleurs, du « souffrir avec » : la mondialisation de l'indifférence nous a ôté la capacité de pleurer ! Dans l'Évangile nous avons écouté le cri, les pleurs, la longue plainte : « Rachel pleure ses enfants et ne veut pas qu'on la console » [rappel de Jérémie en Matthieu 2,18, dans l'épisode du « massacre des Innocents »]. Hérode a semé la mort pour défendre son propre bien-être, sa propre bulle de savon. Et cela continue... Demandons au Seigneur d'effacer ce qui d'Hérode est resté dans notre cœur ; demandons au Seigneur la grâce de pleurer sur notre indifférence, de pleurer sur la cruauté qui est dans le monde, qui est en nous, et en ceux qui dans l'anonymat prennent les décisions socio-économiques qui ouvrent la voie à des drames comme [celui de Lampedusa]. Qui a pleuré ? Qui a pleuré aujourd'hui dans le monde ?

L'habituation à la souffrance

Audience générale, 5 mars 2014.

Vivre pleinement le baptême signifie également ne pas nous habituer aux situations de dégradation et de misère que nous rencontrons en marchant dans les rues de nos villes et de nos pays. Le risque existe d'accepter passivement certains comportements et de ne pas nous étonner face aux tristes réalités qui nous entourent. Nous nous habituons à la violence, comme s'il s'agissait d'un fait quotidien allant de soi ; nous nous habituons à voir nos frères et sœurs qui dorment dans la rue, qui n'ont pas de toit pour se protéger. Nous nous habituons à ce que les réfugiés à la recherche de liberté et de dignité ne soient pas accueillis comme ils le devraient. Nous nous habituons à vivre dans une société qui prétend se passer de Dieu, dans laquelle les parents n'enseignent plus à leurs enfants à prier ni à faire le signe de croix. Je vous le demande : vos fils, vos enfants savent-ils faire le signe de croix ? Réfléchissez. Vos petits-enfants savent-ils faire le signe de croix ? Le leur avez-vous appris ? Réfléchissez et répondez dans votre cœur. Savent-ils prier le Notre-Père ? Savent-ils prier la Vierge avec le Je vous salue Marie ? Réfléchissez et répondez. Cette accoutumance à des comportements qui ne sont pas chrétiens et ne sont que des solutions de facilité anesthésie notre cœur !

Le Carême arrive à nous comme un temps providentiel pour changer de direction, pour retrouver la capacité à réagir face à la réalité du mal qui nous défie toujours. Le Carême doit être vécu comme un temps de conversion, de renouveau personnel et communautaire à travers le rapprochement avec Dieu et l'adhésion confiante à l'Évangile.

Contre la guerre

Message pour la célébration de la XLVIIe Journée mondiale de la paix, 1er janvier 2014.

Nombreux sont les conflits qui se poursuivent dans l'indifférence générale.

Cependant, tant qu'il y aura une si grande quantité d'armements en circulation, comme actuellement, on pourra toujours trouver de nouveaux prétextes pour engager les hostilités. Pour cette raison, je fais mien l'appel de mes prédécesseurs en faveur de la non-prolifération des armes et du désarmement de la part de tous, en commençant par le désarmement nucléaire et chimique.

Mais nous ne pouvons pas ne pas constater que les accords internationaux et les lois nationales, bien que nécessaires et hautement souhaitables, ne sont pas suffisants à eux seuls pour mettre l'humanité à l'abri du risque de conflits armés. Une conversion des cœurs est aussi nécessaire, qui permette à chacun de reconnaître dans l'autre un frère dont il faut prendre soin, avec lequel travailler pour construire une vie en plénitude pour tous. Voilà l'esprit qui anime beaucoup d'initiatives de la société civile, y compris les organisations religieuses, en faveur de la paix. Je souhaite que l'engagement quotidien de tous continue à porter du fruit et que l'on puisse parvenir à l'application effective, dans le droit international, du droit à la paix comme droit humain fondamental, condition préalable indispensable à l'exercice de tous les autres droits.

La tentation de l'indifférence

Message pour la célébration de la XXIXe Journée mondiale de la jeunesse, 21 janvier 2014.

« Heureux les pauvres de cœur... » Pour vivre cette Béatitude nous avons tous besoin d'une conversion en ce qui concerne les pauvres. Nous devons prendre soin d'eux, être sensibles à leurs nécessités spirituelles et matérielles. À vous les jeunes, je confie d'une façon particulière la tâche de remettre la solidarité au centre de la culture humaine. Face aux anciennes et aux nouvelles formes de pauvreté – le chômage, l'émigration, les dépendances en tout genre –, nous avons le devoir d'être attentifs et vigilants, et de vaincre la tentation de l'indifférence. Pensons aussi à ceux qui ne se sentent pas aimés, qui n'ont pas d'espoir en l'avenir, qui renoncent à s'engager dans la vie parce qu'ils sont découragés, déçus, craintifs. Nous devons apprendre à rester avec les pauvres. N'ayons pas la bouche pleine de belles paroles sur les pauvres ! Rencontrons-les, regardons-les dans les yeux, écoutons-les. Les pauvres sont pour nous une occasion concrète de rencontrer le Christ lui-même, de toucher sa chair souffrante.

Mais les pauvres ne sont pas seulement des personnes à qui nous pouvons donner quelque chose. Eux aussi ont beaucoup à nous offrir et à nous apprendre. Nous avons tant à apprendre de la sagesse des pauvres !

Examen de conscience

Message pour la campagne de fraternité 2014
de l'Église au Brésil, 25 février 2014.

Il n'est pas possible de rester impassible en sachant qu'il existe des êtres humains traités comme des marchandises ! Pensons aux adoptions d'enfants pour des greffes d'organes, aux femmes trompées et contraintes de se prostituer, aux travailleurs exploités, sans droit ni voix, etc. C'est du trafic humain ! « Et sur ce plan, il y a besoin d'un profond examen de conscience : combien de fois, en effet, tolérons-nous qu'un être humain soit considéré comme un objet, exposé pour vendre un produit ou pour satisfaire des désirs immoraux ? La personne humaine ne devrait jamais se vendre ou s'acheter comme une marchandise. Celui qui l'utilise et l'exploite, même indirectement, se rend complice de cet abus de pouvoir » (discours aux nouveaux ambassadeurs, 12 décembre 2013). Au niveau familial ensuite, que de fois voyons-nous régner cet abus ! Des parents qui tiennent en esclavage leurs enfants, des enfants qui tiennent en esclavage leurs parents ; des conjoints qui, oubliant leur vocation au don, s'exploitent comme s'ils étaient des produits jetables, que l'on utilise puis que l'on abandonne ; des personnes âgées n'ayant nulle part où aller, des enfants et des adolescents sans voix. Que d'attaques contre les valeurs fondamentales du tissu social et de la vie en société elle-même ! Oui, un profond examen de conscience est nécessaire. Comment peut-on annoncer la joie de Pâques sans être solidaire avec ceux dont, ici sur terre, la liberté est niée ?

L'acédie des chrétiens

Méditation matinale, 1er avril 2014.

Beaucoup de catholiques sans enthousiasme et découragés se disent : « Je vais à la messe tous les dimanches, mais c'est mieux de ne pas trop s'y engager ! J'ai la foi pour ma propre santé, mais je n'éprouve aucun besoin de la partager : chacun chez soi, tranquille, car dans la vie si tu fais quelque chose, tu t'exposes aux reproches ; c'est mieux de ne rien risquer ! »

Voilà précisément la maladie de l'acédie des chrétiens, une attitude qui paralyse le zèle apostolique et fait des chrétiens des personnes inertes, tranquilles, mais pas au bon sens du terme : des personnes qui ne se soucient pas de sortir pour annoncer l'Évangile. Des personnes anesthésiées.

L'acédie est tristesse. C'est le profil de chrétiens profondément tristes qui aiment savourer leur tristesse jusqu'à devenir des personnes ternes et négatives. C'est une maladie pour nous chrétiens. Peut-être allons-nous à la messe tous les dimanches, mais en disant aussi : « S'il vous plaît, ne pas déranger ! » Les chrétiens sans zèle apostolique n'aident pas et ne font pas de bien à l'Église. Malheureusement aujourd'hui les chrétiens égoïstes sont nombreux, ils commettent le péché de l'acédie contre le zèle apostolique, contre l'envie d'apporter la nouveauté de Jésus aux autres, cette nouveauté qui leur a été donnée gratuitement.

Les larmes des enfants

Homélie sur la place de la Mangeoire à Bethléem, 25 mai 2014.

Malheureusement, dans ce monde qui a développé les technologies les plus sophistiquées, il y a encore de nombreux enfants qui vivent dans des conditions inhumaines, en marge de la société, dans les périphéries des grandes villes ou dans les zones rurales. Tant d'enfants aujourd'hui encore sont exploités, maltraités, tenus en esclavage, objets de violence et de trafics illicites. Trop d'enfants sont aujourd'hui déracinés, réfugiés, parfois noyés en mer, en particulier dans les eaux de la Méditerranée. De tout cela nous avons honte aujourd'hui devant ce Dieu qui s'est fait enfant.

Et nous nous demandons : qui sommes-nous devant l'Enfant Jésus ? Qui sommes-nous devant les enfants aujourd'hui ? Sommes-nous comme Marie et Joseph, qui accueillent Jésus et en prennent soin avec l'amour d'une mère et d'un père ? Ou bien sommes-nous comme Hérode, qui veut l'éliminer ? Sommes-nous comme les bergers, qui arrivent en toute hâte, s'agenouillent pour l'adorer et offrent leurs humbles présents ? Ou sommes-nous indifférents ? Sommes-nous peut-être des rhéteurs et des piétistes, des personnes qui exploitent les images des enfants pauvres à des fins lucratives ? Sommes-nous capables de nous tenir à côté d'eux, de « perdre du temps » avec eux ? Savons-nous les écouter, les défendre, prier pour eux et avec eux ? Ou bien les négligeons-nous, pour nous occuper de nos intérêts ?

« Voici le signe qui nous est donné : vous trouverez un enfant... » Peut-être cet enfant pleure-t-il ! Il pleure parce qu'il a faim, parce qu'il a froid, parce qu'il veut rester dans les bras... Aujourd'hui également les enfants pleurent, ils pleurent beaucoup, et leurs pleurs nous interpellent. Dans un monde qui met au rebut chaque jour des tonnes de nourriture et de médicaments, il y a des enfants qui pleurent, en vain, de faim et de maladies facilement curables. En un temps qui proclame la sauvegarde des mineurs, se commercialisent les armes qui finissent dans les mains d'enfants-soldats, se commercialisent des produits confectionnés par des petits travailleurs esclaves. Leurs pleurs sont étouffés, les pleurs de ces enfants sont étouffés ! Ils sont obligés de se battre, de travailler, ils ne peuvent pas pleurer !

La justice est une responsabilité humaine

Angélus, 1er janvier 2014.

Nous sommes tous enfants de l'unique Père céleste, nous faisons partie de la même famille humaine et nous partageons un destin commun. De là vient pour chacun la responsabilité d'œuvrer afin que le monde devienne une communauté de frères qui se respectent, s'acceptent dans leurs diversités et prennent soin les uns des autres. Nous sommes aussi appelés à nous rendre compte des violences et des injustices présentes dans tant de parties du monde et qui ne peuvent pas nous laisser indifférents et inertes : l'engagement de tous est nécessaire pour construire une société vraiment plus juste et solidaire. Hier j'ai reçu une lettre d'un monsieur, peut-être l'un de vous, qui me parlait d'une tragédie familiale, faisait ensuite la liste des nombreuses tragédies et guerres aujourd'hui dans le monde, et me demandait : « Que se passe-t-il dans le cœur de l'homme, qui est poussé à faire tout cela ? » Et il disait à la fin : « Il est temps de s'arrêter. » Moi aussi je crois que cela nous ferait du bien de nous arrêter sur cette route de violence et de chercher la paix. Frères et sœurs, je fais miennes les paroles de cet homme : que se passe-t-il dans le cœur de l'homme ? Que se passe-t-il dans le cœur de l'humanité ? Il est temps de s'arrêter !

De chaque lieu de la Terre, les croyants élèvent aujourd'hui leur prière pour demander au Seigneur le don de la paix et la capacité de l'apporter dans tous les milieux. En ce premier jour de l'année, que le Seigneur nous aide tous à nous mettre en marche avec plus de détermination sur les voies de la justice et de la paix. Et cela commence à la maison ! Justice et paix à la maison, entre nous. Cela commence à la maison et puis cela se répand, dans toute l'humanité. Mais nous devons commencer chez nous. Que l'Esprit Saint agisse dans les cœurs, dissipe l'esprit de fermeture et de dureté, et nous donne de nous attendrir devant la faiblesse de l'Enfant Jésus. La paix, en effet, exige la force de la douceur, la force non violente de la vérité et de l'amour.

La marginalisation

Enfants et personnes âgées

Discours aux participants à l'assemblée plénière
du Conseil pontifical pour la famille, 25 octobre 2013.

Les enfants et les personnes âgées représentent les deux pôles de la vie, les plus vulnérables, souvent les plus oubliés.

Une société qui abandonne les enfants et qui exclut les personnes âgées se coupe de ses propres racines et ternit son avenir. Réfléchissez à ce que fait ou ne fait pas notre culture aujourd'hui. Chaque fois qu'un enfant est abandonné et qu'une personne âgée est laissée pour compte, c'est non seulement un acte d'injustice qui est accompli, mais cela signe aussi l'échec de cette société. Prendre soin des petits et des personnes âgées est un choix de civilisation. Et c'est aussi l'avenir, car les petits, les enfants, les jeunes porteront de l'avant cette société avec leur force, leur jeunesse, et les personnes âgées feront de même avec leur sagesse, leur mémoire, qu'elles doivent transmettre à nous tous.

L'Église qui prend soin des enfants et des personnes âgées

devient la mère de générations de croyants et, en même temps, elle sert la société humaine car un esprit d'amour, de famille et de solidarité aide tout le monde à redécouvrir la paternité et la maternité de Dieu.

Combattre l'exclusion

Discours lors de la rencontre avec les jeunes Argentins
à l'occasion de la XXVIIIe Journée mondiale de la jeunesse,
25 juillet 2013.

Je pense qu'en ce moment, cette civilisation mondiale est allée au-delà des limites parce qu'elle a créé un tel culte du dieu argent qu'elle a instauré une philosophie et une praxis d'exclusion des deux pôles de la vie, qui sont les promesses des peuples. Exclusion des personnes âgées, évidemment. On pourrait penser qu'il y a là une espèce d'euthanasie cachée, c'est-à-dire qu'on ne prend pas soin d'elles, mais il y a aussi une euthanasie culturelle, parce qu'on ne les laisse pas parler, on ne les laisse pas agir. Et l'exclusion des jeunes ! Le pourcentage de jeunes sans travail, sans emploi, est très élevé et nous avons aujourd'hui une génération qui n'a pas d'expérience de la dignité gagnée par le travail. Cette civilisation, donc, nous a portés à exclure les deux sommets qui sont notre avenir. Alors les jeunes doivent se lever, ils doivent se faire entendre ; les jeunes doivent sortir pour lutter pour les valeurs ; et les personnes âgées doivent s'exprimer, elles doivent s'exprimer et nous enseigner ! Transmettez-nous la sagesse des peuples ! Sachez qu'en ce moment vous, les jeunes et les personnes âgées, vous êtes condamnés au même destin : l'exclusion. Ne vous laissez pas exclure. C'est clair, c'est à cela que vous devez travailler.

La mentalité du « déchet »

Message pour la célébration de la XLVIIe Journée mondiale de la paix, 1er janvier 2014.

Dans de nombreuses parties du monde, les graves atteintes aux droits humains fondamentaux, surtout au droit à la vie et à la liberté religieuse, ne semblent pas connaître de répit. Le tragique phénomène du trafic des êtres humains, sur la vie et le désespoir desquels spéculent des personnes sans scrupule, en représente un exemple inquiétant. Aux guerres faites d'affrontements armés, s'ajoutent des guerres moins visibles mais non moins cruelles, qui se livrent dans le domaine économique et financier avec des moyens aussi destructeurs de vies, de familles, d'entreprises.

Comme l'a affirmé Benoît XVI, la mondialisation nous rend proches mais ne nous rend pas frères. En outre, les nombreuses situations d'inégalités, de pauvreté et d'injustice sont non seulement l'indice d'une carence profonde de fraternité, mais aussi de l'absence d'une culture de la solidarité. Les idéologies nouvelles, caractérisées par un individualisme diffus, par l'égocentrisme et le consumérisme, affaiblissent les liens sociaux en alimentant cette mentalité du « déchet » qui pousse au mépris et à l'abandon des plus faibles, de ceux qui sont considérés comme « inutiles ». Ainsi le vivre ensemble humain devient toujours plus semblable à un simple *Do ut des* [«Je donne pour que tu donnes»] pragmatique et égoïste.

La privation d'amour

Message adressé aux membres de l'Académie pontificale pour la vie, 19 février 2014.

Dans nos sociétés on constate la domination tyrannique d'une logique économique qui exclut et parfois tue, et dont nombreuses sont aujourd'hui les victimes, à commencer par nos personnes âgées. « Nous avons mis en route la culture du "déchet", qui est même promue. Il ne s'agit plus simplement du phénomène de l'exploitation et de l'oppression, mais de quelque chose de nouveau : avec l'exclusion est touchée dans sa racine même l'appartenance à la société dans laquelle on vit, dans la mesure où les exclus ne se situent même plus dans les bas-fonds, à la périphérie, où ils ne sont plus sans pouvoir, mais *dehors*. Les exclus ne sont pas "exploités" mais sont des déchets, des "restes" » (exhortation apostolique *Evangelii gaudium*, 53). La situation socio-démographique nous révèle clairement cette exclusion de la personne âgée, surtout si elle est malade, handicapée ou pour une raison quelconque vulnérable. Trop souvent on oublie en effet que les relations entre les hommes sont toujours des relations de dépendance mutuelle, celle-ci se manifestant à des degrés divers au cours de la vie d'une personne et plus que jamais dans les situations de vieillesse, de maladie, de handicap, de souffrance en général. Et cela exige que dans les rapports interpersonnels comme dans les rapports communautaires, soit offerte l'aide nécessaire pour chercher à répondre au besoin que la personne présente en ces moments précis.

Le manque de santé et le handicap ne sont jamais de bonnes raisons pour exclure ou, pire, pour éliminer une personne ; et la plus grave privation que les personnes âgées subissent n'est pas l'affaiblissement de l'organisme et le handicap qui s'ensuit, mais l'abandon, l'exclusion, la privation d'amour.

L'antisémitisme

Discours lors de la cérémonie de bienvenue à l'aéroport
de Tel-Aviv, 25 mai 2014.

La Shoah est une tragédie qui demeure comme un symbole du degré de cruauté auquel parvient l'homme quand, mû par de fausses idéologies, il oublie la dignité fondamentale de chaque personne, qui mérite un respect absolu quel que soit le peuple auquel elle appartient et la religion qu'elle professe.

Je prie Dieu pour que plus jamais ne se produisent des crimes comme ceux des nazis, dont furent victimes en premier lieu les juifs mais aussi tant de chrétiens et d'autres. Nous souvenant toujours du passé, promouvons une éducation où l'exclusion et l'affrontement soient remplacés par l'inclusion et la rencontre, où il n'y ait pas de place pour l'antisémitisme, quelle que soit la forme sous laquelle il se manifeste, ni pour une quelconque expression d'hostilité, de discrimination ou d'intolérance envers des personnes et des peuples.

Tous nous désirons la paix, beaucoup de personnes la construisent chaque jour par de petits gestes, nombreux sont ceux qui souffrent pour la construire. Et tous – spécialement ceux qui ont une fonction au service de leur peuple – nous avons le devoir de nous faire instruments et artisans de paix, avant tout dans la prière. Construire la paix est difficile, mais vivre sans paix est un tourment. Tous les hommes et toutes les femmes de cette terre [Israël] et du monde entier demandent à porter devant Dieu leur aspiration ardente à la paix.

Les Tziganes

Discours aux participants au congrès organisé par le Conseil pontifical pour la pastorale des migrants et des gens du voyage, 5 juin 2014.

Souvent les Tziganes se trouvent en marge de la société et parfois ils sont regardés avec hostilité et suspicion – je me souviens que très souvent à Rome, quand certains d'entre eux montaient dans le bus, le chauffeur disait : « Attention à vos portefeuilles ! » C'est du mépris. Il y a peut-être un vrai problème, mais exprimé ainsi, c'est du mépris…

Les Tziganes participent peu aux dynamiques politiques, économiques et sociales du territoire. Nous savons qu'il y a là une réalité complexe, mais il est certain aussi que le peuple tzigane est appelé à contribuer au bien commun. Et cela est possible à travers des itinéraires de coresponsabilité adaptés, dans le respect des devoirs et la promotion des droits de chacun.

Parmi les causes qui, dans la société actuelle, sont à l'origine de situations de pauvreté dans une partie de la population, nous pouvons distinguer le manque de structures éducatives pour la formation culturelle et professionnelle, les difficultés d'accès à l'assistance médicale, la discrimination sur le marché du travail et le manque de logements convenables. Si ces déchirures dans le tissu social touchent tout le monde indistinctement, les groupes les plus faibles sont les plus susceptibles de devenir victimes des nouvelles formes d'esclavage. Ce sont en effet les personnes les moins protégées qui tombent dans le piège de l'exploitation, de la mendicité forcée et des diverses formes d'abus. Les Tziganes sont parmi les plus vulnérables, surtout en l'absence de toute aide à l'intégration et à la promotion de la personne dans les différents domaines de la vie civile.

C'est ici que se greffe la sollicitude de l'Église. L'Évangile en effet est l'annonce de la joie pour tous et, en particulier, pour les plus faibles et les exclus. Nous sommes appelés à leur assurer notre proximité et notre solidarité, à l'exemple de Jésus-Christ qui leur a témoigné la prédilection du Père.

Il est nécessaire qu'à côté de cette action solidaire en faveur du peuple tzigane, il y ait l'engagement des institutions locales et nationales et le soutien de la communauté internationale, pour déterminer des projets et des interventions destinés à améliorer la qualité de vie de ces frères. Face à leurs difficultés et leur malaise, on doit tous se sentir interpellés et mettre au centre de notre attention la dignité de toute personne humaine.

La corruption

Pécheurs et corrompus

Homélie de la messe à un groupe de parlementaires et de représentants du gouvernement italien, 27 mars 2013.

Jésus regarde le peuple et s'émeut, parce qu'il le voit comme des « brebis sans berger », ainsi que le dit l'Évangile. Et il va voir les pauvres, il va voir les malades, il va voir tout le monde, les veuves, les lépreux pour les guérir. Et il leur adresse une parole qui suscite l'admiration dans le peuple : « Mais celui-ci parle comme quelqu'un qui a de l'autorité ! » Il parle différemment de cette classe dirigeante qui s'est éloignée du peuple et ne s'intéresse qu'à ses propres affaires : son groupe, son parti, ses luttes internes. Et le peuple là-bas... Ces gens ont abandonné le troupeau. Sont-ils des pécheurs ? Oui. Nous sommes tous pécheurs, tous. Nous tous qui sommes ici nous sommes pécheurs. Mais ceux-ci sont plus que pécheurs : le cœur de ces gens, de ce petit groupe, s'est tellement durci avec le temps qu'il leur est impossible d'écouter la voix du Seigneur. Et de pécheurs ils sont devenus des corrompus.

Il est très difficile à un corrompu de pouvoir revenir en arrière. Le pécheur, si, parce que le Seigneur est miséricordieux, et Il nous attend tous. Mais le corrompu est figé dans ses affaires, elles-mêmes corrompues. Et c'est pour cette raison qu'ils se justifient, parce que Jésus, avec simplicité mais force, les dérange. Et petit à petit ils finissent par se convaincre qu'ils doivent tuer Jésus, et l'un d'eux de dire : « Il vaut mieux qu'un homme meure pour le peuple. »

Ceux-là se sont trompés de chemin. Ils ont résisté au salut d'amour du Seigneur et ainsi ont-ils glissé hors de la foi, ils sont passés d'une théologie de la foi à une théologie du devoir : « Vous devez faire cela, cela, cela… »

Le pain sale de la corruption

Méditation matinale, 8 novembre 2013.

Les administrateurs corrompus, dévots du dieu pot-de-vin, commettent un péché grave contre la dignité, et ils donnent à manger à leurs enfants du « pain sale » : à cette ruse mondaine on doit répondre par la ruse chrétienne qui est un don de l'Esprit Saint.

Cela commence peut-être par un petit dessous-de-table, mais c'est comme une drogue. Et le premier petit dessous-de-table est suivi par un autre et un autre encore, et l'accoutumance aux pots-de vin finit par devenir une maladie.

Nous sommes face à un péché très grave car il va contre la dignité. Cette dignité avec laquelle nous sommes tous sacrés par le travail. Non par la pratique du pot-de-vin, non par cette accoutumance à la ruse mondaine. Quand nous lisons les journaux ou regardons à la télé quelqu'un qui parle de corruption, nous pensons sans doute que ce n'est qu'un mot. La corruption c'est ceci : gagner son pain sans dignité.

Peut-être aujourd'hui est-il bon pour nous tous de prier pour ces enfants et ces jeunes qui reçoivent de leurs parents du pain sale. Eux aussi sont affamés. Ils sont affamés de dignité. Prions pour que le Seigneur change le cœur de ces dévots du dieu pot-de-vin, afin qu'ils comprennent que la dignité vient d'un travail honnête, du travail de tous les jours, et non de ces chemins faciles qui finalement détruisent tout.

La double vie des corrompus

Méditation matinale, 11 novembre 2013.

Là où est la tromperie il n'y a pas l'Esprit de Dieu. Voilà la différence entre un pécheur et un corrompu. Celui qui a une double vie est un corrompu. Celui qui commet un péché au contraire voudrait ne pas pécher, mais il est faible, ou bien il se trouve dans une situation pour laquelle il ne peut pas trouver de solution, alors il se tourne vers le Seigneur et Lui demande pardon. Celui-ci, le Seigneur l'aime, Il l'accompagne, Il est avec lui. Et nous devons dire, nous tous qui sommes ici : pécheurs oui, corrompus non.

Les corrompus ne savent pas ce qu'est l'humilité. Jésus les comparait à des sépulcres blanchis : beaux au-dehors mais dedans pleins d'ossements pourris. Et un chrétien qui se vante d'être chrétien mais ne mène pas une vie de chrétien est un corrompu.

Tous nous connaissons quelqu'un qui se trouve dans cette situation, et tous nous savons combien de mal les chrétiens corrompus, les prêtres corrompus font à l'Église. Oui, combien de mal ils font à l'Église ! Ils ne vivent pas dans l'esprit de l'Évangile, mais dans l'esprit de la mondanité.

Une pourriture vernissée, voilà la vie du corrompu. Et ces gens, Jésus, simplement, ne les appelle pas pécheurs mais hypocrites. Jésus pardonne toujours, il ne se lasse pas de pardonner. La seule condition qu'il exige est qu'on ne veuille pas mener cette double vie. Demandons aujourd'hui au Seigneur de fuir toute tromperie, de nous reconnaître pécheurs. Pécheurs oui, corrompus non.

Les chrétiens corrompus

Méditation matinale, 3 juin 2013.

Les corrompus, qui n'étaient que des pécheurs comme nous tous, ont fait un pas de plus : ils se sont confortés dans le péché et ne sentent pas le besoin de Dieu. Ou du moins ils imaginent ne pas le sentir, car dans le code génétique de l'homme il y a ce besoin de Dieu. Et comme ils ne peuvent pas le nier, ils se fabriquent un dieu spécial : eux-mêmes.

Voilà qui sont les corrompus. Et il y a un danger également pour nous : que nous devenions corrompus. Il en existe dans les communautés chrétiennes, et qui font tant de mal. Jésus parle aux docteurs de la loi, aux pharisiens, qui sont corrompus. Et il leur dit qu'ils sont comme des sépulcres blanchis. Et dans les communautés chrétiennes, les corrompus sont ainsi. On dit : « Ah, c'est un bon chrétien, il appartient à telle confrérie ; bien, bien, c'est un des nôtres. » Pas du tout : ils vivent pour eux-mêmes. Judas a commencé comme un pécheur avare et il a terminé dans la corruption. C'est une voie dangereuse, la voie de l'autonomie. Les corrompus ont peu de mémoire, ils ont oublié l'amour avec lequel le Seigneur a bâti la vigne et les a faits. Ils ont coupé la relation avec cet amour. Et ils deviennent adorateurs d'eux-mêmes. Combien de mal font les corrompus dans les communautés chrétiennes !

Le langage de la corruption

Méditation matinale, 4 juin 2013.

L'hypocrisie est la langue des corrompus. Ceux-ci n'aiment pas la vérité, ils n'aiment qu'eux-mêmes, et de ce fait ils cherchent à tromper, à impliquer l'autre dans leur duperie, dans leur mensonge. Ils ont le cœur mensonger, ils ne peuvent pas dire la vérité. C'est le même langage que Satan a utilisé après le jeûne dans le désert : « Tu as faim, tu peux transformer cette pierre en pain ; et ensuite, pourquoi tant travailler ! Jette-toi du temple ! » Ce langage qui paraît persuasif conduit à l'erreur, au mensonge.

L'hypocrisie est donc le langage de la corruption, sûrement pas le langage de la vérité, car la vérité ne marche jamais toute seule : elle marche toujours avec l'amour. Il n'existe pas de vérité sans amour. L'amour est la première vérité. Les hypocrites, à l'inverse, veulent une vérité assujettie à leurs propres intérêts. En eux aussi il y a une forme d'amour, mais c'est l'amour d'eux-mêmes, une sorte d'idolâtrie narcissique qui les conduit à trahir les autres et conduit aux abus de confiance. Au contraire, la douceur que Jésus attend de nous n'a rien, rien à faire avec cette adulation, avec cette manière mielleuse de procéder. Rien ! La douceur est simple, comme celle d'un enfant, et l'enfant n'est pas hypocrite parce qu'il n'est pas corrompu. Quand Jésus dit : « Que votre oui soit oui, que votre non soit non, avec une âme d'enfant », il nous dit le contraire de ce que disent les corrompus.

Nous tous, en réalité, nous avons une certaine faiblesse intérieure et nous aimons qu'on dise du bien de nous. Et nous aimons tous cela, car finalement nous avons tous un grain de vanité. Les corrompus le savent, et avec leur langage ils cherchent à nous affaiblir.

Les réseaux de la corruption

Méditation matinale, 9 juin 2014.

Les Béatitudes sont la carte d'identité du chrétien.

Jésus parle en toute simplicité, et fait comme une paraphrase, une glose des deux grands commandements : aimer le Seigneur et aimer son prochain. Ainsi, à la question « Comment faire pour devenir un bon chrétien ? », la réponse est simple : il faut faire ce que Jésus dit dans le discours des

Béatitudes. Ce discours va tellement à contre-courant de ce qui est habituel, de ce qui se fait dans le monde.

« Heureux ceux qui ont faim et soif de justice » est une grande affirmation de Jésus adressée à ceux qui luttent pour la justice, pour que la justice règne dans le monde. La réalité nous montre combien il est facile d'entrer dans le clan de la corruption, de s'associer à la politique quotidienne du *Do ut des*, où tout est affairisme. Et combien de personnes souffrent de ces injustices ! Face à cela précisément, Jésus dit : « Heureux ceux qui luttent contre ces injustices. » En proclamant heureux les persécutés pour la justice, Jésus rappelle combien de personnes sont persécutées et ont été persécutées simplement pour avoir lutté pour la justice.

Voilà donc le programme de vie que Jésus nous propose. Un programme très simple et en même temps très difficile. Et si nous voulons davantage, Jésus nous donne d'autres indications, en particulier ce critère sur lequel nous serons jugés, qui se trouve au chapitre 25 de l'Évangile de Matthieu : « J'avais faim et vous m'avez donné à manger ; j'avais soif et vous m'avez donné à boire ; j'étais malade et vous m'avez visité ; j'étais en prison et vous êtes venus me voir. »

Voilà le chemin pour vivre la vie chrétienne à son degré de sainteté. D'ailleurs, les saints n'ont rien fait d'autre que vivre les Béatitudes et le critère du jugement dernier. Ce ne sont que quelques mots, des mots simples, mais pratiques et à la portée de tous, car le christianisme est une religion à pratiquer, à faire, pas seulement à penser.

L'argent

Dieu ou l'argent

Méditation matinale, 20 septembre 2013.

Il faut se garder de céder à la tentation de faire de l'argent une idole. Il y a dans l'amour envers l'argent quelque chose qui nous éloigne de Dieu. Ceux qui veulent s'enrichir tombent dans la tentation illusoire de tant de désirs insensés et néfastes, qui font se noyer les hommes dans la ruine et la perdition.

L'avidité, en effet, est la racine de tous les maux. Certains, happés par ce désir, se sont détournés de la foi et attiré beaucoup de tourments. Le pouvoir de l'argent est tel qu'il détourne de la foi pure. Il enlève la foi, il l'affaiblit et l'entraîne à sa perte.

L'argent corrompt. Il n'y a pas d'issue. Si on choisit la voie de l'argent, à la fin on sera corrompu. L'argent a le pouvoir de séduction de nous conduire, de nous faire glisser lentement vers la perdition. C'est pourquoi Jésus est si résolu : on ne peut pas servir Dieu et l'argent, ce n'est pas possible, c'est soit l'un, soit l'autre. Il ne s'agit pas de communisme, c'est l'Évangile pur ! C'est la parole de Jésus.

Mais que se passe-t-il donc avec l'argent ? L'argent offre un certain bien-être : on se sent bien, on se sent un peu important, et puis survient la vanité. Cette vanité ne sert pas, mais elle fait qu'on se sent des gens importants. Vanité, orgueil, richesse : c'est de cela que se vantent les hommes décrits dans le psaume, ceux qui s'appuient sur leur force et se vantent de leur grande richesse. Mais alors quelle est la vérité ? La vérité est que personne ne peut se racheter par soi-même, ni payer à Dieu le prix de son salut. Le rachat d'une vie serait trop élevé. Personne ne peut se sauver avec l'argent, même si la tentation est forte de poursuivre la richesse pour se sentir suffisant, de céder à la vanité pour se sentir important et finalement de céder à l'orgueil.

Les premiers Pères de l'Église disaient une parole forte en qualifiant l'argent de crottin du diable. Il en va ainsi car il nous rend idolâtres, il rend malade d'orgueil notre esprit, il nous rend obsédés par des questions oiseuses et nous éloigne de la foi. Il corrompt. L'apôtre Paul nous dit d'aspirer au contraire à la justice, à la compassion, à la foi, à la charité, à la patience.

La dictature de l'économie

Discours aux nouveaux ambassadeurs du Kirghizstan, d'Antigua-et-Barbuda, du grand-duché de Luxembourg et du Botswana accrédités près le Saint-Siège, 16 mai 2013.

L'adoration de l'antique veau d'or (cf. Exode 32,15-34) a trouvé un visage nouveau et impitoyable dans le fétichisme de l'argent, et dans la dictature de l'économie sans visage ni but vraiment humain.

La crise mondiale qui touche le monde de la finance et de l'économie semble mettre en lumière ses laideurs, et surtout la grave déficience de cette orientation anthropologique qui réduit l'homme à un seul de ses besoins : la consommation. Pire encore, l'être humain est considéré aujourd'hui comme étant lui-même un bien de consommation, qu'on peut utiliser puis jeter. Nous avons initié cette culture du déchet. Cette dérive se situe au niveau individuel et sociétal. Et elle est encouragée ! Dans un tel contexte, la solidarité, qui est le trésor du pauvre, est souvent considérée comme contre-productive, contraire à la rationalité financière et économique. Alors que le revenu d'une minorité s'accroît de manière exponentielle, celui de la majorité s'affaiblit. Ce déséquilibre provient d'idéologies qui encouragent l'autonomie absolue des marchés et la spéculation financière, niant ainsi tout droit de contrôle aux États chargés pourtant de pourvoir au bien commun. S'installe alors une nouvelle tyrannie invisible, parfois virtuelle, qui impose unilatéralement, et sans recours possible, ses lois et ses règles. En outre, l'endettement et le crédit éloignent les pays de leur économie réelle, et les citoyens de leur pouvoir d'achat réel. À cela s'ajoutent, si besoin est, une corruption tentaculaire et une évasion fiscale égoïste qui ont pris des dimensions mondiales. La volonté de puissance et de possession est devenue sans limites.

Le riche sans nom

Homélie lors de la messe pour la journée des catéchistes en l'Année de la foi, 29 septembre 2013.

Nous courons tous le risque de nous complaire dans le confort, dans la mondanité de la vie et du cœur, d'avoir comme objectif central notre bien-être. C'est l'expérience même du riche de l'Évangile qui portait des vêtements de luxe et s'offrait chaque jour de copieux banquets : voilà ce qui était important pour lui. Et le pauvre qui était à sa porte et n'avait pas de quoi se nourrir ? Ce n'était pas son affaire, cela ne le regardait pas. Si les choses matérielles, l'argent, la mondanité deviennent le centre de la vie, ils nous saisissent, ils nous possèdent et nous perdons notre identité même d'êtres humains : écoutez bien, le riche de l'Évangile n'a pas de nom, il est simplement « un riche » [alors que le pauvre se nomme Lazare]. Les choses qu'il possède sont son visage, il n'en a pas d'autre.

Mais essayons de nous demander comment cela arrive. Comment se fait-il que des hommes – peut-être nous-mêmes aussi – tombent dans le piège de se renfermer, de mettre leur sécurité dans les choses qui, au final, volent leur visage, leur visage humain ? Cela arrive quand nous perdons la mémoire de Dieu. « Malheur à ceux qui vivent bien tranquilles en Sion », disait le prophète. Si la mémoire de Dieu fait défaut, tout est laminé, tout est réduit au moi, au bien-être. La vie, le monde, les autres perdent leur consistance, ils ne comptent pour rien, tout se réduit à une seule dimension : l'avoir. Si nous perdons la mémoire de Dieu, nous aussi nous perdons notre consistance, nous nous vidons, nous perdons notre visage comme le riche de l'Évangile ! Celui qui court derrière le néant devient lui-même nullité, comme le dit un grand prophète (cf. Jérémie 2,5). Nous sommes faits à l'image et à la ressemblance de Dieu, non pas à l'image et à la ressemblance des choses, des idoles !

Le dépassement de l'intérêt individuel

Message pour la célébration de la XLVIIe Journée mondiale de la paix, 1er janvier 2014.

Les graves crises financières et économiques contemporaines trouvent leur origine d'un côté dans l'éloignement progressif de l'homme vis-à-vis de Dieu et de son prochain, ainsi que dans la recherche avide des biens matériels, et de l'autre dans l'appauvrissement des relations interpersonnelles et communautaires. Elles ont poussé de nombreuses personnes à rechercher la satisfaction, le bonheur et la sécurité dans la consommation et dans le gain, contrairement à la logique d'une saine économie.

La succession des crises économiques doit conduire à d'opportunes réflexions sur les modèles de développement, et à un changement dans les modes de vie. La crise d'aujourd'hui, avec ses lourdes conséquences sur la vie des personnes, peut être aussi une occasion propice pour retrouver les vertus de prudence, de tempérance, de justice et de force. Ces vertus peuvent nous aider à surmonter les moments difficiles, à redécouvrir les liens fraternels qui nous unissent les uns aux autres, à retrouver la confiance profonde dont l'homme a besoin, confiance en sa capacité à dépasser la maximalisation de ses propres intérêts individuels. Surtout ces vertus sont nécessaires pour construire et maintenir une société à la mesure de la dignité humaine.

La culture du bien-être

Méditation matinale, 27 mai 2013.

Les possessions sont un obstacle, un écueil qui ne rend pas facile le chemin vers le Royaume de Dieu. Chacun de nous a ses biens, mais souvent il s'agit de possessions qui empêchent d'approcher Jésus, et parfois même apportent la tristesse.

Nous devons tous faire un examen de conscience sur les biens qui nous empêchent d'approcher Jésus sur la route de la vie. Il s'agit de possessions qui découlent de notre culture. La première possession est le bien-être. La culture du bien-être nous rend peu courageux, paresseux et même égoïstes. Parfois le bien-être nous anesthésie, car finalement nous nous y sentons bien. Même face au choix d'avoir un enfant, on se laisse souvent conditionner par le bien-être. Imaginons un couple face à cette question : « Non, non, pas plus d'un enfant, non ! Parce qu'on ne pourra pas partir en vacances, faire des voyages, acheter une maison, non ! C'est bien de suivre le Seigneur, mais jusqu'à un certain point… » Voilà ce que fait le bien-être. Nous savons tout ce que produit le bien-être, mais cela nous fait tomber bien bas, nous dépouille de ce courage fort pour approcher Jésus. Et pourtant c'est la première valeur de notre culture d'aujourd'hui. La culture du bien-être.

Richesse et avenir

Méditation matinale, 22 juin 2013.

Dans le chapitre 13 de saint Matthieu Jésus explique aux disciples la parabole du semeur. Il dit que la semence tombée sur une terre pleine d'épines est étouffée. Mais qu'est-ce qui l'étouffe ? Jésus dit : « Les richesses et les soucis de ce monde. » On voit que pour lui, clairement, les richesses et les soucis du monde étouffent la Parole de Dieu. Ils ne la laissent pas grandir et la Parole meurt car elle n'est pas protégée. Dans ce cas, on est à leur service, non au service de la Parole de Dieu.

Que font en nous les richesses et les soucis ? Simplement, ils nous font sortir du temps. Celui qui leur est attaché ne s'intéresse ni au passé ni à l'avenir, il a tout. La richesse est une idole. Le riche n'a pas besoin d'un passé, d'une promesse, d'une vocation, d'un avenir, il n'a besoin de rien. Ce dont il se soucie c'est de ce qui pourrait arriver ; c'est pourquoi il coupe son rapport à l'avenir, qui pour lui devient prospective. Mais cela forcément ne l'oriente pas vers une promesse, et il reste confus, seul. C'est pourquoi Jésus dit : « Dieu ou la richesse, le Royaume de Dieu et sa justice ou les soucis du monde. » Simplement il nous invite à prendre le chemin de ce don si grand qu'il nous a fait : être ses élus. Avec le baptême nous sommes élus dans l'amour.

Souvenons-nous bien : la semence qui tombe parmi les épines est étouffée, étouffée par les richesses et par les soucis du monde, deux éléments qui font oublier le passé et l'avenir. Ainsi, nous avons un Père mais nous vivons comme si ce n'était pas le cas, et nous avons un avenir incertain, ce qui ruine aussi notre présent.

Nous devons avoir confiance dans le Seigneur, qui dit : « Ne vous mettez pas en peine, cherchez d'abord le Royaume de Dieu, sa justice. Tout le reste arrivera par surcroît. »

La violence

L'injustice provoque la violence

Evangelii gaudium, 59, 24 novembre 2013.

De nos jours, de toutes parts on demande une plus grande sécurité. Mais tant que ne seront pas éliminées l'exclusion et les inégalités, dans la société et entre les divers peuples, il sera impossible d'éradiquer la violence. On accuse les pauvres de violence, mais sans égalité des chances, les différentes formes d'agression et de guerre trouveront un terrain fertile qui tôt ou tard provoquera l'explosion. Quand la société – que ce soit au niveau local, national ou mondial – abandonne à la périphérie une partie d'elle-même, il n'y a ni programme politique ni force de l'ordre ou service de renseignement qui puisse assurer la tranquillité de façon absolue. Et ce non seulement parce que les inégalités sociales provoquent la réaction violente de ceux qui sont exclus du système, mais parce que le système social et économique est injuste à sa racine. De même que le bien tend à se communiquer, de même le mal auquel on consent, c'est-à-dire l'injustice, tend à répandre sa force nuisible et à démolir silencieusement les bases de tout système politique et social, quelle que soit sa solidité. Si toute action a des conséquences, un mal niché dans les structures d'une société comporte toujours un potentiel de dissolution et de mort. Du mal cristallisé dans les structures sociales injustes, on ne peut pas attendre un avenir meilleur. Nous sommes loin de ce qu'on appelle la « fin de l'histoire », puisque les conditions d'un développement durable et pacifique ne sont pas encore adéquatement enracinées et réalisées.

La violence en Afrique

Discours au corps diplomatique accrédité près le Saint-Siège, 13 janvier 2014.

Les chrétiens sont appelés à témoigner de l'amour et de la miséricorde de Dieu. Il ne faut jamais renoncer à faire le bien, même quand c'est difficile et qu'on subit des actes d'intolérance, voire de persécution réelle. Dans de grandes zones du Nigeria les violences ne cessent pas et beaucoup de sang innocent continue à être versé. Ma pensée va aussi à la République centrafricaine, où la population souffre des tensions que le pays traverse, et qui ont semé à plusieurs reprises la destruction et la mort. Alors que j'assure ma prière pour les victimes et les nombreuses personnes déplacées, contraintes à vivre dans des conditions d'indigence, je souhaite que l'attention de la communauté internationale contribue à faire cesser les violences, à rétablir l'état de droit et à garantir l'accès des aides humanitaires même dans les zones les plus reculées du pays. Pour sa part, l'Église catholique continuera d'assurer sa présence et sa collaboration, en se dévouant avec générosité pour fournir toute l'aide possible à la population, et surtout pour reconstruire un climat de réconciliation et de paix entre toutes les composantes de la société. Réconciliation et paix sont aussi des priorités fondamentales en d'autres parties du continent africain. Je pense en particulier au Mali, où on remarque la reprise positive des structures démocratiques du pays, ainsi qu'au Sud-Soudan où, au contraire, l'instabilité politique de ces derniers temps a déjà provoqué de nombreux morts et une nouvelle urgence humanitaire.

Le dialogue contre la violence

Discours aux participants à la rencontre internationale
pour la paix organisée par la communauté de Sant' Egidio,
30 septembre 2013.

Nous ne pouvons jamais nous résigner devant la douleur de peuples entiers, otages de la guerre, de la misère, de l'exploitation. Nous ne pouvons pas assister, indifférents et impuissants, au drame d'enfants, de familles, de personnes âgées frappés par la violence. Nous ne pouvons pas laisser le terrorisme emprisonner le cœur de quelques individus violents pour semer la douleur et la mort chez tant de personnes. Tous nous disons avec force, sans cesse, qu'il ne peut exister aucune justification religieuse à la violence. Il ne peut exister aucune justification religieuse à la violence quelle que soit la forme sous laquelle elle se manifeste. Il faut supprimer toute forme de violence qui se donne un prétexte religieux, et veiller ensemble à ce que le monde ne devienne pas la proie de cette violence qui est contenue dans tout projet de civilisation fondé sur un non à Dieu.

En tant que responsables des différentes religions, nous pouvons faire beaucoup. La paix est notre responsabilité à tous. Prier pour la paix, travailler pour la paix ! Un chef religieux est toujours un homme ou une femme de paix, parce que le commandement de la paix est profondément inscrit dans les traditions religieuses que nous représentons. Mais que pouvons-nous faire ? Avoir le courage du dialogue. Ce courage, ce dialogue nous donnent de l'espérance. Cela n'a rien à voir avec l'optimisme, c'est tout autre chose, l'espérance ! Dans le monde, dans les sociétés, c'est également parce que le dialogue est absent qu'il y a peu de paix, on peine à sortir de l'horizon étroit des intérêts personnels pour s'ouvrir à une confrontation véritable et sincère. La paix exige un dialogue tenace, patient, fort, intelligent, grâce auquel rien n'est perdu. Le dialogue peut vaincre la guerre. Le dialogue fait vivre ensemble des personnes de différentes générations, qui s'ignorent souvent ; il fait vivre ensemble des citoyens de diverses origines ethniques, de convictions différentes. Le dialogue est la voie de la paix parce qu'il favorise l'entente, l'harmonie, la concorde et la paix. C'est pour cette raison qu'il est vital qu'il grandisse, qu'il s'étende aux personnes de toutes conditions et convictions comme un réseau de paix qui protège le monde et en particulier les plus faibles.

La renaissance de Caïn

Homélie à la veillée de prière pour la paix, 7 septembre 2013.

Dieu demande à la conscience de l'homme : « Où est Abel ton frère ? » Et Caïn répond : « Je ne sais pas. Suis-je le gardien de mon frère ? » (Genèse 4,9). Cette question nous est aussi adressée et il serait bien que nous nous demandions : « Suis-je le gardien de mon frère ? » Oui, chacun de nous est le gardien de son frère ! Être des personnes humaines signifie être gardiens les uns des autres ! Quand se rompt l'harmonie, une métamorphose s'ensuit : le frère à garder et à aimer devient l'adversaire à combattre, à supprimer. Que de violence naît à ce moment, que de conflits, que de guerres ont marqué notre histoire ! Il suffit de voir la souffrance de tant de frères et sœurs. Il ne s'agit pas de quelque chose de conjoncturel, mais en vérité dans chaque violence et dans chaque guerre nous faisons renaître Caïn. Nous tous ! Et aujourd'hui aussi nous perpétrons ce conflit entre frères, aujourd'hui aussi nous levons la main contre celui qui est notre frère. Aujourd'hui aussi nous nous laissons guider par les idoles, par l'égoïsme, par nos intérêts. Et cette attitude continue : nous avons perfectionné nos armes, notre conscience s'est endormie, nous avons rendu plus subtiles nos justifications. Comme si c'était une chose normale, nous continuons à semer destruction, douleur, mort ! La violence, la guerre n'apportent que la mort, ne parlent que de la mort ! La violence et la guerre ont le langage de la mort !

Guerre et économie

Lettre au président de la Fédération de Russie Vladimir Poutine à l'occasion du sommet du G20 à Saint-Pétersbourg, 4 septembre 2013.

L'économie mondiale ne pourra réellement se développer que si elle est en mesure de permettre une vie digne à tous les êtres humains, des plus âgés aux enfants qui sont encore dans le sein maternel, non seulement aux citoyens des pays membres du G20 mais à tous les habitants de la Terre, même à ceux qui se trouvent dans les situations sociales les plus difficiles ou dans les lieux les plus reculés.

Dans cette optique, il apparaît clair que dans la vie des peuples, les conflits armés constituent toujours la négation délibérée de toute entente internationale possible, en créant des divisions et des blessures profondes qui auront besoin de nombreuses années pour se refermer. Les guerres constituent le refus concret de s'engager pour atteindre les grands objectifs économiques et sociaux que la communauté internationale s'est fixés, tels que par exemple les Objectifs du millénaire pour le développement. Malheureusement, les nombreux conflits armés qui affligent aujourd'hui encore le monde nous présentent chaque jour des images dramatiques de pauvreté, de faim, de maladie et de mort. En effet, sans paix, il ne peut y avoir aucun type de développement économique. La violence ne conduit jamais à la paix, condition nécessaire pour ce développement.

La fausse paix du monde

Méditation matinale, 20 mai 2014.

La paix du monde est quelque peu superficielle, c'est une paix qui ne touche pas au plus profond de l'âme. C'est donc une paix qui donne une certaine tranquillité, et même une certaine joie, mais seulement à un niveau très relatif.

Le monde offre par exemple la paix de la richesse, qui porte à penser : « Je suis en paix car j'ai tout organisé, j'ai de quoi vivre toute ma vie, je ne dois pas avoir de soucis ! » Cette idée de paix vient de la conviction suivante : « Ne te fais pas de souci, tu n'auras pas de problème car tu as beaucoup d'argent ! » Mais c'est Jésus lui-même qui nous rappelle de ne pas avoir confiance en cette paix, parce que, avec un grand réalisme il nous dit : « Prenez garde aux voleurs ! Les voleurs peuvent dérober vos richesses ! Voilà pourquoi la paix que l'argent vous donne n'est pas définitive. »

D'ailleurs n'oublions pas que le métal se corrode. Il suffit d'un effondrement de la Bourse et tout l'argent part en fumée.

Un autre genre de paix qui règne sur le monde est celle du pouvoir. Ainsi on en vient à penser : « J'ai le pouvoir, je suis assuré, j'ordonne ceci, j'ordonne cela, je suis respecté : je suis en paix. »

Troisième genre de paix que le monde procure, la vanité, qui nous fait nous dire : « Je suis une personne estimée, j'ai beaucoup de valeur, je suis une personne que tout le monde respecte, et quand je vais à des réceptions tous me saluent. »

L'esprit de la guerre

Méditation matinale, 25 février 2014.

Se scandaliser pour les millions de morts de la première guerre mondiale n'a pas beaucoup de sens si on ne se scandalise pas aussi pour les morts de toutes les petites guerres qui ont lieu de nos jours. Ce sont des guerres qui sont en train de faire mourir de faim de très nombreux enfants dans les camps de réfugiés, tandis que les marchands d'armes font la fête.

Tous les jours en effet, les journaux rendent compte de guerres. Et nous lisons qu'ici tel pays s'est divisé en deux et qu'il y a eu cinq morts, que dans tel autre pays il y a d'autres victimes, et ainsi de suite. Au point que désormais les morts semblent faire partie d'une comptabilité quotidienne. Et nous nous sommes habitués à lire ces choses. Si nous avions la patience de faire la liste de toutes les guerres qui existent en ce moment dans le monde, nous remplirions sûrement beaucoup de pages.

Il semble désormais que l'esprit de la guerre ait pris possession de nous. On organise des commémorations pour le centenaire de la Grande Guerre, et en pensant à ses millions de morts tout le monde est scandalisé ; et pourtant aujourd'hui il en va de même, si ce n'est qu'au lieu d'une grande guerre il y a des petites guerres partout. Il y a des peuples divisés qui, pour sauvegarder leurs propres intérêts, se tuent, s'entretuent.

La passion nous conduit à la guerre, à imiter l'esprit du monde. Ainsi, souvent devant un conflit nous nous trouvons bizarrement poussés pour le résoudre à procéder en nous disputant, avec un langage de guerre; au contraire c'est le langage de paix qui devrait prévaloir. Et quelles en sont les conséquences? Pensez aux enfants affamés dans les camps de réfugiés, pensez seulement à cela! Voilà le fruit de la guerre! Et vous pouvez aussi penser aux grands salons, aux fêtes organisées par les patrons des industries qui fabriquent les armes. Les conséquences de la guerre sont donc d'un côté des enfants malades et affamés dans les camps de réfugiés, de l'autre les grandes fêtes et la belle vie des fabricants d'armes.

La violence des paroles

Méditation matinale, 13 septembre 2013.

Ceux qui vivent en jugeant leur prochain, en disant du mal de leur prochain sont des hypocrites. Car ils n'ont pas la force, le courage de regarder leurs propres défauts. Sur cela, le Seigneur ne dit pas beaucoup de paroles. Il dit simplement : celui qui dans son cœur a de la haine contre son frère est un meurtrier. Il le dit. Même l'apôtre Jean le dit très clairement dans sa première lettre : qui hait son frère marche dans les ténèbres, qui juge son frère est un meurtrier. Donc chaque fois que nous jugeons nos frères dans notre cœur, ou pire, lorsque nous en parlons aux autres, nous sommes des chrétiens meurtriers. Et cela ce n'est pas moi qui le dis, c'est le Seigneur. Sur ce point, il n'y a pas place pour les nuances : si on dit du mal de son frère, on tue son frère. Et chaque fois que nous faisons cela, nous imitons le geste de Caïn, le premier meurtrier.

En ces jours, on parle beaucoup des guerres qui dans le monde provoquent des victimes, surtout parmi les enfants, et qui forcent un grand nombre à fuir à la recherche d'un refuge. Comment est-il possible de penser que l'on a le droit de tuer en disant du mal des autres, de déclencher cette guerre quotidienne des médisances ? Les médisances en effet relèvent toujours du crime. Et cela, c'est pur Évangile. Donc, en ces temps où nous demandons tellement la paix, un geste de conversion est sans doute nécessaire. Et en disant non à tous les genres d'armes, disons non aussi à la médisance car elle est mortifère.

Le drame de la guerre

Discours lors de la rencontre à Béthanie avec les réfugiés et les jeunes handicapés, 24 mai 2014.

Nous sommes profondément touchés par les drames et les blessures de notre temps, en particulier par ceux que provoquent les conflits encore ouverts au Moyen-Orient. Je pense en premier lieu à la Syrie, ce pays aimé, déchiré par une lutte fratricide qui dure depuis désormais trois ans, et qui a déjà fait d'innombrables victimes, obligeant des millions de personnes à fuir et à s'exiler vers d'autres pays. Tous nous voulons la paix ! Mais en voyant ce drame de la guerre, en voyant ces blessures, en voyant tant de personnes qui ont quitté leur patrie, qui ont été obligées de s'en aller, je me demande qui vend les armes à ces gens pour faire la guerre. La racine du mal, c'est la haine et la cupidité qui pousse à fabriquer et vendre des armes. Cela doit nous faire penser à qui est derrière, qui donne aux belligérants les armes pour continuer le conflit ! Pensons, et dans notre cœur disons aussi une parole pour ces pauvres gens criminels, afin qu'ils se convertissent.

Que cessent les violences, que soit respecté le droit humanitaire, que soit garantie l'assistance nécessaire à la population qui souffre ! Que tous abandonnent la prétention de laisser les armes résoudre les problèmes et que l'on revienne sur le chemin de la négociation. La solution en effet ne peut venir que du dialogue et de la modération, de la compassion pour celui qui souffre, de la recherche d'une issue politique et du sens de la responsabilité envers ses frères.

Que Dieu convertisse les violents ! Que Dieu convertisse ceux qui ont des projets de guerre ! Que Dieu convertisse ceux qui fabriquent et vendent des armes, qu'Il fortifie les cœurs et les esprits des artisans de paix, et qu'Il les récompense de ses bénédictions.

Les migrations

Pauvreté et migrations

Message pour la Journée mondiale des migrants et des réfugiés, 5 août 2013.

Malheureusement, alors que nous encourageons le développement vers un monde meilleur, nous ne pouvons pas taire le scandale de la pauvreté dans ses diverses dimensions. Violence, exploitation, discrimination, marginalisation, mesures de restriction des libertés fondamentales, aussi bien individuelles que collectives, sont quelques-unes des principales causes de la pauvreté à vaincre. Bien des fois justement ces maux caractérisent les déplacements migratoires, liant migrations et pauvreté. Fuyant des situations de misère ou de persécution pour des perspectives meilleures, voire pour avoir la vie sauve, des millions de personnes entreprennent de s'exiler. Mais alors qu'elles espèrent voir se concrétiser leurs attentes, elles rencontrent souvent méfiance, fermeture et exclusion et sont frappées par d'autres malheurs encore plus graves et qui blessent leur dignité humaine.

La réalité des migrations, en notre époque de mondialisation, demande à être affrontée et gérée d'une manière nouvelle, équitable et efficace, qui exige avant tout une coopération internationale et un esprit de profonde solidarité et de compassion. La coopération à différents niveaux est importante, avec l'adoption par tous d'instruments normatifs qui protègent et promeuvent la personne humaine.

Les migrations forcées

Discours à l'occasion de la présentation des lettres de créance des ambassadeurs de sept pays, Suisse, Liberia, Éthiopie, Soudan, Jamaïque, Afrique du Sud, Inde, 15 mai 2014.

L'autre défi pour la paix, qui est devant nos yeux et revêt malheureusement dans certaines régions et à certains moments le caractère d'une véritable tragédie humaine, est celui des migrations forcées. Il s'agit d'un phénomène très complexe et il faut reconnaître que des efforts considérables sont mis en œuvre par les organisations internationales, les États et les forces sociales, ainsi que par les communautés religieuses et les bénévoles, pour tenter de répondre de façon civile et organisée aux aspects les plus critiques, aux urgences et aux situations de plus grande nécessité. Mais là aussi nous nous rendons compte qu'on ne peut pas se limiter à répondre aux urgences. Le phénomène se manifeste désormais dans toute son ampleur et dans sa dimension pour ainsi dire historique. Le moment est venu de s'y confronter avec un regard politique sérieux et responsable qui engage tous les niveaux : mondial, continental, international, jusqu'au niveau national et local.

Dans ce domaine, nous pouvons observer des expériences diverses et contradictoires. D'un côté, des histoires formidables d'humanité, de rencontre et d'accueil, celles de personnes et de familles qui sont parvenues à fuir des réalités inhumaines et qui ont retrouvé dignité, liberté et sécurité. De l'autre, malheureusement, des histoires qui suscitent en nous les larmes et la honte : des êtres humains, nos frères et sœurs, des enfants de Dieu poussés eux aussi par la volonté de vivre et de travailler dans la paix, endurent des voyages accablants et subissent des chantages, des tortures, des abus en tout genre, pour finir parfois par mourir dans le désert ou au fond de la mer.

L'Église et les réfugiés

Discours aux participants à l'assemblée plénière du Conseil pontifical pour la pastorale des migrants et des réfugiés, 24 mai 2013.

L'Église est mère et son attention maternelle se manifeste avec une tendresse et une proximité particulières à l'égard de ceux qui sont obligés de fuir leur pays et de vivre entre le déracinement et l'intégration. Cette tension détruit les personnes. La compassion chrétienne – compassion, ce « souffrir avec » – implique tout d'abord de s'informer sur les événements qui poussent à quitter sa patrie et, là où cela est nécessaire, de prêter sa voix à ceux qui ne réussissent pas à faire entendre le cri de la douleur et de l'oppression.

Violence, abus, éloignement de la famille, événements traumatisants, fuite de chez soi, incertitude quant à l'avenir dans les camps de réfugiés : tous ces éléments déshumanisent et doivent inciter chaque chrétien et toute la communauté à faire preuve d'une attention concrète.

Mais aujourd'hui, je voudrais tous vous inviter à apercevoir aussi dans les yeux et le cœur des réfugiés et des personnes déracinées de force la lumière de l'espérance. Une espérance qui s'exprime dans l'attente d'un meilleur avenir, dans l'envie de relations d'amitié, dans le désir de participer à la société qui les accueille, également à travers l'apprentissage de la langue, l'accès au travail et à l'instruction pour les plus petits. J'admire le courage de ceux qui espèrent pouvoir graduellement reprendre une vie normale, dans l'attente que la joie et l'amour recommencent à réjouir leur existence. Nous pouvons et nous devons tous nourrir cette espérance !

J'invite en particulier les gouvernants et les législateurs et toute la communauté internationale à répondre à la situation des personnes déracinées de force par des initiatives efficaces et de nouvelles approches pour protéger leur dignité, à améliorer leur qualité de vie et à faire face aux défis que soulèvent les formes modernes de persécution, d'oppression et d'esclavage. Je souligne qu'il s'agit de personnes humaines, qui font appel à la solidarité et à l'assistance, qui ont besoin d'interventions urgentes, mais également et surtout de compréhension et de bonté. Dieu est bon, imitons Dieu ! Leur condition ne peut pas laisser indifférent. Et nous, en tant qu'Église, nous rappelons qu'en soignant les blessures des réfugiés, des déplacés et des victimes des trafics, nous mettons en pratique le commandement de la charité que Jésus nous a laissé quand il s'est identifié à l'étranger, à celui qui souffre, à toutes les victimes innocentes de violences et d'exploitation.

Un monde meilleur

Message pour la Journée mondiale des migrants et des réfugiés, 5 août 2013.

Du point de vue chrétien, aussi bien dans les phénomènes migratoires que dans d'autres réalités humaines, se manifeste la tension entre la beauté de la création, marquée par la grâce et la rédemption, et le mystère du péché. À la solidarité et à l'accueil, aux gestes fraternels et de compréhension, s'opposent le refus, la discrimination, les trafics de l'exploitation, de la souffrance et de la mort. Ce qui est préoccupant, ce sont surtout les situations de migration forcée revêtant diverses modalités de traite des personnes et de réduction en esclavage. Le « travail d'esclave » est aujourd'hui monnaie courante ! Toutefois, malgré les problèmes, les risques et les difficultés qu'ils ont à affronter, ce qui anime de nombreux migrants et réfugiés c'est le binôme confiance-espérance ; ils portent dans leur cœur le désir d'un avenir meilleur non seulement pour eux-mêmes, mais aussi pour leurs familles et pour les personnes qui leur sont chères.

Que suppose la création d'un « monde meilleur » ? Cette expression ne fait pas allusion naïvement à des conceptions abstraites ou à des réalités hors d'atteinte, mais invite plutôt à rechercher un développement authentique et global, à travailler pour que tous aient des conditions de vie dignes, pour que les attentes des personnes et des familles trouvent des réponses justes, pour que la création que Dieu nous a donnée soit respectée, gardée et cultivée.

La traite des êtres humains

Discours à un groupe de nouveaux ambassadeurs à l'occasion de la présentation des lettres de créance, 12 décembre 2013.

Une question qui me préoccupe beaucoup et qui menace actuellement la dignité humaine est la traite des personnes. Il s'agit d'une véritable forme d'esclavage, malheureusement toujours plus répandue, qui concerne tous les pays, y compris les plus développés, et qui touche les personnes les plus vulnérables de la société : les femmes et les jeunes filles, les enfants, les personnes handicapées, les plus pauvres, celles qui sont dans des situations de décomposition familiale et sociale. Nous chrétiens, nous reconnaissons de manière particulière dans ces personnes le visage de Jésus-Christ, qui s'est identifié aux plus pauvres et aux plus nécessiteux. D'autres, qui ne se réfèrent pas à une foi religieuse, compatissent aussi, au nom de l'humanité commune à leurs souffrances, et s'engagent pour les libérer et soulager leurs blessures. Ensemble nous pouvons et nous devons nous engager pour que ces personnes soient libérées, et pour que l'on puisse mettre fin à cet horrible commerce. On parle de millions de victimes du travail forcé, de la traite humaine à des fins de main-d'œuvre et d'exploitation sexuelle. Tout cela ne peut durer : c'est une grave violation des droits humains et une offense à la dignité de la personne, en plus d'une défaite pour la communauté mondiale. Tous les gens de bonne volonté, qu'ils professent une religion ou non, ne peuvent permettre que ces femmes, ces hommes, ces enfants soient traités comme des objets, trompés, violentés, vendus souvent plusieurs fois à des fins diverses, et finalement tués ou de toute manière détruits physiquement ou mentalement pour finir exclus et abandonnés. C'est une honte.

La traite des personnes est un crime contre l'humanité. Nous devons unir nos forces pour libérer les victimes et arrêter ce crime toujours plus agressif, qui menace, outre les personnes individuelles, les valeurs fondatrices de la société, la sécurité et la justice internationales, mais également l'économie, le tissu familial et la vie en société elle-même.

De plus, une prise de responsabilité commune ainsi qu'une ferme volonté politique sont nécessaires pour réussir à vaincre sur ce front. Responsabilité envers tous ceux qui sont victimes de cette traite, pour protéger leurs droits, pour assurer leur sécurité et celle de leurs familles, pour empêcher que les corrompus et les criminels se soustraient à la justice et aient le dernier mot.

La tragédie de Lampedusa

Homélie lors de la visite à Lampedusa, 8 juillet 2013.

Immigrés morts en mer, dans ces bateaux qui au lieu de mener vers l'espérance ont conduit à la mort. Ainsi titrent les journaux. Il y a quelques semaines, quand j'ai appris cette nouvelle qui malheureusement s'est répétée tant de fois, ma pensée n'a cessé d'y revenir comme si une épine dans le cœur me faisait souffrir continuellement.

Ces frères et sœurs cherchaient à sortir de situations difficiles pour trouver un peu de sérénité et de paix ; ils cherchaient une place meilleure pour eux et leurs familles, mais ils ont trouvé la mort. Combien de gens comme eux ne trouvent ni compréhension, ni accueil, ni solidarité ! Et leurs voix montent jusqu'à Dieu ! Une fois encore, je vous remercie, vous habitants de Lampedusa, de votre solidarité. J'ai récemment écouté un de ces frères. Avant d'arriver ici, ils sont passés par les mains des trafiquants, ceux qui exploitent la pauvreté des autres, ces personnes pour qui la pauvreté des autres est une source de revenus. Quelle souffrance ! Et certains n'ont pu arriver à destination.

Migrations de masse

Message à l'occasion de la 103e session de la conférence de l'Organisation internationale du travail, 22 mai 2014.

Un autre grave problème que notre monde doit affronter est celui de la migration de masse : le nombre immense d'hommes et de femmes contraints à chercher du travail loin de leur patrie est un motif de préoccupation. Malgré leur espérance en un avenir meilleur, ils se heurtent fréquemment à l'incompréhension et l'exclusion, sans oublier qu'ils font parfois l'expérience de tragédies et de désastres. Ayant affronté de tels sacrifices, ces hommes et femmes souvent ne parviennent pas à trouver un travail digne et deviennent victimes d'une certaine « mondialisation de l'indifférence ». Leur situation les expose à de nouveaux dangers, tels que l'horreur de la traite des êtres humains, le travail forcé et la réduction en esclavage. Il est inacceptable que dans notre monde le travail fait par des esclaves soit devenu monnaie courante. Cela ne peut pas continuer ! La traite des êtres humains est une plaie, un crime contre l'humanité tout entière. Le moment est venu d'unir nos forces et de travailler ensemble pour libérer les victimes de tels trafics et venir à bout de ce crime qui nous concerne tous, depuis les familles jusqu'à l'ensemble de la communauté mondiale.

Le moment est aussi venu de renforcer les formes existantes de coopération et d'établir des voies nouvelles pour accroître la solidarité. Cela exige plusieurs choses : un engagement renouvelé en faveur de la dignité de toute personne ; une application plus déterminée des normes internationales du travail ; la planification pour un développement centré sur la personne humaine qui doit en être le moteur essentiel et la principale bénéficiaire ; une réévaluation des responsabilités des sociétés multinationales dans les pays où elles opèrent, en incluant les secteurs de la gestion du profit et de l'investissement ; et un effort coordonné pour encourager les gouvernements à faciliter les déplacements des migrants pour le bien de tous, ce qui permettrait d'éliminer la traite des êtres humains et les conditions de voyage dangereuses.

Les persécutions

Le refus de la double vie

Méditation matinale, 11 avril 2013.

Dans notre vie, nous écoutons aussi des propositions qui ne viennent pas de Jésus, qui ne viennent pas de Dieu. Nos faiblesses – et c'est compréhensible – nous conduisent parfois sur cette route. Ou sur une route plus dangereuse encore : nous faisons un compromis entre la Parole de Dieu et d'autres paroles. Nous faisons un compromis, et ainsi nous vivons une vie double : un peu la vie selon ce que nous entendons Jésus nous dire, et un peu la vie selon ce que nous entendons nous dire le monde, le pouvoir du monde, etc. Mais c'est un système qui ne fonctionne pas. Dans le livre de l'Apocalypse en effet, le Seigneur nous dit : « Ceci ne va pas, car vous n'êtes ni méchants ni bons : vous êtes tièdes. Je vous condamne. »

Gardons-nous de cette tentation. Si Pierre avait dit aux prêtres : « Parlons entre amis et établissons un modus vivendi », peut-être que les choses auraient fonctionné, mais ce n'était pas un choix propre à l'amour qui vient quand nous écoutons Jésus. Car un tel choix implique des conséquences. Que se passe-t-il en effet quand nous écoutons Jésus ? Parfois, ceux qui agissent selon l'autre proposition se mettent en colère, et la route finit dans la persécution. Actuellement, je l'ai dit, nous avons tant de sœurs et de frères qui, parce qu'ils obéissent, entendent, écoutent ce que Jésus leur demande, sont persécutés. Souvenons-nous toujours de ces frères et ces sœurs qui ont mis leur chair au feu et nous disent avec leur vie : « Je veux obéir, marcher sur la route que m'indique Jésus. »

L'œcuménisme de la souffrance

Discours lors de la célébration œcuménique à l'occasion du 50e anniversaire de la rencontre à Jérusalem entre le pape Paul VI et le patriarche Athénagoras, 25 mai 2014.

Nous n'oublions pas dans nos prières tant d'hommes et de femmes qui, en diverses parties de la planète, souffrent de la guerre, de la pauvreté, de la faim, comme les nombreux chrétiens persécutés pour leur foi dans le Seigneur ressuscité. Quand des chrétiens de diverses confessions se trouvent à souffrir ensemble, les uns à côté des autres, et à s'entraider avec une charité fraternelle, se réalise un œcuménisme de la souffrance, un œcuménisme du sang qui possède une efficacité particulière non seulement pour les situations où il a lieu, mais aussi en vertu de la communion des saints, pour toute l'Église. Ceux qui par haine de la foi tuent et persécutent les chrétiens ne leur demandent pas s'ils sont orthodoxes ou s'ils sont catholiques : ils sont chrétiens. Le sang chrétien est un.

Et quand la désunion nous rend pessimistes, peu courageux, défiants, allons tous sous le manteau de la sainte Mère de Dieu. Quand dans l'âme chrétienne il y a des turbulences spirituelles, c'est seulement sous le manteau de la sainte Mère de Dieu que nous trouvons la paix.

Liberté religieuse

Conférence de presse au cours du vol de retour de Terre sainte, 26 mai 2014.

Le problème du manque de liberté religieuse n'existe pas seulement dans quelques pays asiatiques, il existe aussi en d'autres parties du monde. La liberté religieuse est une chose que tous les pays n'ont pas. Certains exercent un contrôle plus ou moins léger, tranquille, d'autres adoptent des mesures qui débouchent sur une vraie persécution des croyants. Il y a des martyrs. Il y a des martyrs aujourd'hui, des martyrs chrétiens. Catholiques et non catholiques, mais martyrs. Et à certains endroits, on ne peut pas porter le crucifix ni avoir une bible. On ne peut pas enseigner le catéchisme aux enfants, aujourd'hui ! Et moi je suppose – et je ne crois pas me tromper – qu'à notre époque il y a plus de martyrs qu'aux premiers temps de l'Église. Dans certains endroits les aider requiert de la prudence ; nous devons prier beaucoup pour ces Églises qui souffrent. Et puis les évêques et le Saint-Siège travaillent avec discrétion pour aider ces pays, les chrétiens de ces pays. Mais ce n'est pas chose facile. Par exemple, il y a un pays où il est interdit de prier ensemble, c'est interdit! Mais les chrétiens de ce pays veulent célébrer l'Eucharistie! Et c'est l'un d'eux, qui travaille comme ouvrier, qui est leur prêtre. Il se rend à leur table, ils feignent de prendre le thé, et ils célèbrent l'Eucharistie.

Les chrétiens persécutés

Méditation matinale, 4 avril 2014.

Dans l'Église, il y a des persécutés de l'extérieur et des persécutés de l'intérieur. Les saints eux-mêmes ont été persécutés. En effet, quand nous lisons la vie des saints, nous nous trouvons face à de nombreuses incompréhensions et persécutions, et ce parce que étant prophètes ils disaient des choses qui étaient considérées comme trop dures. De même, beaucoup de penseurs dans l'Église ont été persécutés.

L'histoire témoigne que toutes les personnes que l'Esprit Saint choisit pour dire la vérité au peuple de Dieu souffrent de persécutions. Rappelons la dernière des Béatitudes de Jésus : « Heureux êtes-vous lorsque vous êtes persécutés à cause de mon nom. » Voici que Jésus est vraiment le modèle, l'icône : il a beaucoup souffert, le Seigneur, il a été persécuté, et ainsi, il a pris sur lui toutes les persécutions de son peuple.

Encore aujourd'hui les chrétiens sont persécutés, et j'ose dire que probablement il y a maintenant autant voire plus de martyrs qu'aux premiers temps. Et ils sont persécutés parce qu'ils disent à cette société mondaine, à cette société tranquille qui ne veut pas de problème, la vérité, et ils annoncent Jésus-Christ. Oui, vraiment, aujourd'hui il y a beaucoup de persécutions.

En certains pays il y a même la peine de mort, il y a la prison pour ceux qui ont chez eux un Évangile, ou qui enseignent le catéchisme. Un catholique d'un de ces pays me disait qu'ils ne peuvent pas prier ensemble : c'est interdit ! On ne peut prier que tout seul et caché. S'ils veulent célébrer l'Eucharistie, les chrétiens organisent une fête d'anniversaire, et là ils célèbrent l'Eucharistie, avant la fête. Et si, comme cela arrive, les policiers arrivent, rapidement ils cachent tout, ils continuent la fête ; ensuite, quand les agents s'en vont, ils terminent l'Eucharistie. C'est ainsi qu'ils doivent faire, car il est interdit de prier ensemble.

Appel

Discours aux participants à l'assemblée plénière de la Congrégation pour les Églises orientales, 21 novembre 2013.

Les conditions de vie des chrétiens qui, dans de nombreuses parties du Moyen-Orient, subissent de façon particulièrement grave les conséquences des conflits en cours, suscitent une grande préoccupation. De Syrie, d'Irak, d'Égypte et d'autres régions de la Terre sainte nous parviennent leurs larmes. L'évêque de Rome ne trouvera pas de répit tant qu'il y aura des hommes et des femmes, de toutes religions, frappés dans leur dignité, privés du nécessaire pour survivre, privés de leur avenir, contraints à la condition de réfugiés et de déplacés. Aujourd'hui, avec les pasteurs des Églises d'Orient, lançons un appel afin que soit respecté le droit de tous à une vie digne et à professer librement sa foi. Nous ne nous résignons pas à imaginer le Moyen-Orient sans les chrétiens, qui depuis deux mille ans y confessent le nom de Jésus, insérés en tant que citoyens de plein droit dans la vie sociale, culturelle et religieuse des nations auxquelles ils appartiennent.

La douleur des plus petits et des plus faibles, avec le silence des victimes, soulève une question insistante : « Où en est la nuit ? » (Isaïe 21,11). Continuons de veiller, comme la sentinelle biblique, certains que le Seigneur ne nous privera pas de son aide. Je m'adresse donc à toute l'Église pour exhorter à la prière, qui sait obtenir du cœur miséricordieux de Dieu la réconciliation et la paix. La prière désarme l'ignorance et engendre le dialogue là où le conflit est ouvert. Si elle est sincère et persévérante, elle rendra notre voix douce et ferme, capable de se faire entendre également des responsables des nations.

Dialogue et tolérance

Discours aux participants à l'assemblée plénière du Conseil pontifical pour le dialogue interreligieux, 28 novembre 2013.

Les situations dans lesquelles la cohabitation est difficile ne manquent pas dans le monde : des motifs politiques et économiques s'ajoutent souvent aux différences culturelles et religieuses, s'appuyant également sur les incompréhensions et les erreurs du passé. Tout cela risque d'engendrer la méfiance et la peur. Il n'existe qu'une seule voie pour vaincre cette peur, celle du dialogue, de la rencontre marquée par l'amitié et le respect. L'emprunter c'est emprunter une voie humaine.

Dialoguer ne signifie pas renoncer à sa propre identité quand on va à la rencontre de l'autre, ni céder à des compromis sur la foi et sur la morale chrétienne. Au contraire, la véritable ouverture implique de maintenir fermes ses convictions les plus profondes. Une identité claire et joyeuse est capable de s'ouvrir à la compréhension des raisons de l'autre, capable de relations humaines respectueuses, sachant que la rencontre avec celui qui est différent de nous peut être une occasion de croissance dans la fraternité, d'enrichissement et de témoignage. C'est pour cette raison que le dialogue interreligieux et l'évangélisation ne s'excluent pas mais se nourrissent réciproquement. Nous n'imposons rien, nous n'utilisons aucune stratégie insidieuse pour attirer les fidèles, mais nous témoignons avec joie, avec simplicité de ce en quoi nous croyons et de ce que nous sommes.

Le dialogue constructif entre personnes de religions différentes sert également à surmonter une autre peur, que nous voyons malheureusement se développer dans les sociétés les plus fortement sécularisées : la peur à l'égard des diverses traditions religieuses et envers la dimension religieuse en tant que telle. La religion est alors vue comme quelque chose d'inutile, voire de dangereux ; on voudrait parfois que les chrétiens renoncent à leurs propres convictions religieuses et morales dans l'exercice de leur profession. Il existe une pensée diffuse selon laquelle la cohabitation ne serait possible qu'en cachant sa propre appartenance religieuse, en nous rencontrant tous dans une sorte d'espace neutre, privé de référence à la transcendance. Mais ici aussi, comment serait-il possible de créer de véritables relations, de construire une société qui soit une authentique maison commune, en imposant de mettre de côté ce que chacun considère être une partie profonde de sa personne ?

TROISIÈME PARTIE

LA JUSTICE DE DIEU

La justice de Dieu s'est révélée dans la Croix.

Angélus, 15 septembre 2013

L'amour

La certitude de l'amour de Dieu

Discours lors du chemin de croix avec les jeunes
à Rio de Janeiro, 26 juillet 2013.

Qu'est-ce que la Croix a déposé en chacun de nous ? Voyez : elle nous a offert le bien que personne ne peut nous donner, la certitude de l'amour fidèle de Dieu pour nous. Un amour tellement grand qu'il entre dans notre péché et le pardonne, qu'il entre dans notre souffrance et nous donne la force de la porter, qu'il entre même dans la mort pour la vaincre et nous sauver. Dans la Croix du Christ, il y a tout l'amour de Dieu, il y a son immense miséricorde. Et c'est un amour auquel nous pouvons nous fier, auquel nous pouvons croire. Chers jeunes, ayons confiance en Jésus, remettons-nous-en à lui, car lui ne déçoit jamais personne ! C'est seulement dans le Christ mort et ressuscité que nous trouvons le salut et la rédemption. Avec lui, le mal, la souffrance et la mort n'ont pas le dernier mot, parce que lui nous donne espérance et vie : d'un instrument de haine, de défaite et de mort, la croix, il a fait un signe d'amour, de victoire, de triomphe et de vie.

Mais la Croix du Christ invite aussi à nous laisser contaminer par cet amour, elle nous enseigne alors à regarder toujours l'autre avec miséricorde et amour, surtout la personne qui souffre, qui a besoin d'aide, qui attend une parole, un geste. La Croix nous invite à sortir de nous-mêmes pour aller à la rencontre de ces personnes et leur tendre la main.

La charité envers le prochain

Evangelii gaudium, 179, 24 novembre 2013.

Ce lien indissoluble entre l'accueil de l'annonce salvifique et un amour fraternel effectif est exprimé dans certains textes de l'Écriture qu'il convient de considérer et de méditer attentivement pour en tirer toutes les conséquences. Il s'agit d'un message auquel fréquemment nous nous habituons, que nous répétons presque mécaniquement, sans pouvoir nous assurer qu'il ait une réelle incidence sur notre vie et nos communautés. Comme cette accoutumance est dangereuse et nuisible, qui nous porte à perdre l'émerveillement, la fascination, l'enthousiasme de vivre l'Évangile de la fraternité et de la justice ! La Parole de Dieu nous enseigne que, dans le frère, on trouve le prolongement permanent de l'Incarnation pour chacun de nous : « Dans la mesure où vous l'avez fait à l'un de ces plus petits de mes frères, c'est à moi que vous l'avez fait » (Matthieu 25, 40). Tout ce que nous faisons pour les autres a une dimension transcendante :

« De la mesure dont vous mesurerez, on mesurera pour vous » (Matthieu 7,2). Et elle répond à la miséricorde divine envers nous : « Montrez-vous compatissants comme votre Père est compatissant. Ne jugez pas, et vous ne serez pas jugés ; ne condamnez pas, et vous ne serez pas condamnés ; remettez, et il vous sera remis. Donnez et l'on vous donnera... De la mesure dont vous mesurez, on mesurera pour vous en retour » (Luc 6,36-38). Ce qu'expriment ces textes, c'est la priorité absolue de la « sortie de soi vers le frère », un des deux commandements principaux qui fondent toute norme morale, commandement qui est le signe le plus clair pour nous guider sur un chemin de croissance spirituelle en réponse au don absolument gratuit de Dieu.

Comme l'Église est missionnaire par nature, de là découle inévitablement la charité effective pour le prochain, la compassion qui comprend, assiste et soutient.

Le dynamisme de l'amour

Discours aux catéchistes en pèlerinage à Rome à l'occasion de l'Année de la foi et du congrès international des catéchistes, 27 septembre 2013.

Repartir du Christ signifie l'imiter en sortant de soi et en allant à la rencontre de l'autre. C'est une expérience belle et un peu paradoxale. Pourquoi ? Parce que celui qui met le Christ au centre de sa vie se décentre ! Plus on s'unit à Jésus, plus il devient le centre de notre vie, plus il nous fait sortir de nous-mêmes, nous décentre et nous ouvre aux autres.

C'est le vrai dynamisme de l'amour, c'est le mouvement de Dieu même ! Dieu est le centre, mais Il est toujours don de soi, relation, vie qui se communique… Ainsi devenons-nous nous aussi, si nous restons unis au Christ : il nous fait entrer dans ce dynamisme de l'amour. Là où il y a véritable vie dans le Christ, il y a ouverture à l'autre, il y a sortie de soi pour aller à la rencontre de l'autre au nom du Christ. Et cela c'est le travail du catéchiste : sortir constamment de soi par amour pour témoigner de Jésus et parler de Jésus, prêcher Jésus. C'est important parce que le Seigneur le fait : c'est vraiment le Seigneur qui nous pousse à sortir.

L'amour nous attire et nous envoie, nous prend et nous donne aux autres. Dans cette tension le cœur du chrétien, en particulier le cœur du catéchiste, se met en mouvement.

La gratuité de l'amour

Discours à l'occasion de la rencontre avec les pauvres et les détenus à Cagliari, 22 septembre 2013.

Jésus n'a pas été indécis, il n'a pas été indifférent : il a fait un choix et il l'a suivi jusqu'au bout. Il a choisi de devenir homme et comme homme de se faire serviteur, jusqu'à la mort en croix. Telle est la voie de l'amour : il n'y en a pas d'autre. C'est pourquoi nous voyons que la charité n'est pas un simple assistanat pour tranquilliser les consciences. Non, cela ce n'est pas l'amour, c'est un commerce, une affaire. L'amour est gratuit. La charité, l'amour, est un choix de vie, une manière d'être, de vivre, c'est la voie de l'humilité et de la solidarité. Il n'y a pas d'autre voie pour cet amour que d'être humble et solidaire. Ce mot de « solidarité », dans cette culture du rebut où ce qui ne sert pas est jeté, pour que ne restent que ceux qui se sentent justes, qui se sentent purs, qui se sentent propres – les pauvres ! –, ce mot « solidarité » risque d'être effacé du dictionnaire, car c'est un mot qui dérange, oui, qui dérange. Pourquoi ? Parce qu'il nous oblige à regarder l'autre et à nous donner à l'autre avec amour. Alors il vaut mieux l'effacer du dictionnaire. Mais nous, nous disons : voilà la voie, l'humilité et la solidarité. Pourquoi ? Est-ce nous les prêtres qui l'avons inventée ? Non ! C'est Jésus : c'est lui qui l'a dit ! Et nous voulons emprunter cette route. L'humilité du Christ n'est pas du moralisme, du sentimentalisme. L'humilité du Christ est réelle, c'est le choix d'être petit, d'être avec les petits, avec les exclus, d'être parmi nous, qui sommes tous pécheurs. Attention, ce n'est pas une idéologie ! C'est une manière d'être et de vivre qui part de l'amour, qui part du cœur de Dieu.

La loi de l'amour

Audience générale, 12 juin 2013.

Quelle est la loi du peuple de Dieu ? C'est la loi de l'amour, amour pour Dieu et amour pour le prochain selon le commandement nouveau que nous a laissé le Seigneur (cf. Jean 13,34). Un amour toutefois qui n'est pas du sentimentalisme stérile ou quelque chose de vague, mais qui consiste à reconnaître Dieu comme unique Seigneur de la vie et, en même temps, à accueillir l'autre comme vrai frère, en dépassant divisions, rivalités, incompréhensions, égoïsmes ; les deux choses vont de pair. Combien de chemin devons-nous parcourir encore pour vivre concrètement cette nouvelle loi, celle du Saint-Esprit qui agit en nous, celle de la charité, de l'amour ? Quand nous voyons dans les journaux ou à la télévision tant de guerres entre chrétiens… mais comment cela peut-il arriver ? Que de guerres au sein du peuple de Dieu ! Dans les quartiers, sur les lieux de travail, que de guerres par envie, jalousie ! Jusque dans la famille, que de guerres intestines ! Il nous faut demander au Seigneur qu'Il nous fasse bien comprendre cette loi de l'amour. Qu'il est beau de s'aimer les uns les autres comme de vrais frères ! Que c'est beau ! Faisons une chose aujourd'hui. Tous nous avons sans doute des sympathies et des antipathies, peut-être beaucoup d'entre nous sont un peu en colère contre quelqu'un, alors disons au Seigneur : « Seigneur, je suis en colère contre celui-ci ou celle-là ; je prie pour lui ou pour elle. » Prier pour ceux contre qui nous sommes en colère est un beau pas en avant dans la mise en œuvre de cette loi de l'amour. Voulons-nous le faire ? Faisons-le aujourd'hui !

Le signe de l'amour de Dieu

Audience générale, 21 mai 2014.

Lorsque nous admirons une œuvre d'art ou toute autre merveille qui est le fruit du génie et de la créativité de l'homme, l'Esprit nous conduit à louer le Seigneur du plus profond de notre cœur et à reconnaître, dans tout ce que nous avons et tout ce que nous sommes, un don inestimable de Dieu et un signe de son amour infini pour nous.

Le Seigneur nous aime ! Nous devons Lui rendre grâce pour cela. Le don de la science nous place en profonde harmonie avec le Créateur et nous fait participer à la limpidité de son regard et de son jugement. Et c'est dans cette perspective que nous réussissons à saisir dans l'homme et la femme le sommet de la création, comme accomplissement d'un dessein d'amour qui est imprimé en chacun de nous et qui nous fait nous reconnaître comme frères et sœurs.

Tout cela est un motif de sérénité et de paix et fait du chrétien un témoin joyeux de Dieu, sur les pas de saint François d'Assise et de nombreux saints qui ont su louer et chanter son amour à travers la contemplation de la création. En même temps toutefois, le don de la science nous aide à ne pas tomber dans certains comportements excessifs ou erronés. Le premier risque serait de nous considérer comme les propriétaires de la création. La création n'est pas une propriété que nous pouvons dominer à notre guise, ni la propriété de quelques-uns, d'une poignée de personnes : la création est un don, c'est un don merveilleux que Dieu nous a fait, afin que nous en prenions soin et que nous l'utilisions au profit de tous, toujours avec grand respect et gratitude. Le deuxième écueil serait la tentation de nous arrêter aux créatures, comme si celles-ci pouvaient offrir la réponse à toutes nos attentes. À travers le don de la science, l'Esprit nous aide à ne pas tomber dans cette erreur.

La paix

Il n'y a pas de paix sans justice

Evangelii gaudium, 218-219, 24 novembre 2013.

La paix sociale ne peut pas être comprise comme un irénisme ou comme une pure absence de violence obtenue par la domination d'un groupe sur les autres. Ce serait de même une fausse paix que celle qui servirait à justifier une organisation sociale qui réduit au silence ou amadoue les plus pauvres, de manière à ce que ceux qui jouissent des plus grands bénéfices puissent conserver leur style de vie sans heurt alors que les autres survivent comme ils peuvent. Les revendications sociales portant sur la distribution des revenus, l'intégration sociale des pauvres et les droits humains ne peuvent pas être étouffés sous prétexte de construire un consensus de bureau ou une paix éphémère, pour une minorité heureuse. La dignité de la personne humaine et le bien commun sont au-dessus de la tranquillité de quelques-uns qui ne veulent pas renoncer à leurs privilèges. Quand ces valeurs sont touchées, une voix prophétique est nécessaire.

La paix ne se réduit pas à une absence de guerre, fruit de l'équilibre toujours précaire des forces. Elle se construit jour après jour dans la poursuite d'un ordre voulu de Dieu, qui implique une meilleure justice entre les hommes. En définitive, une paix qui n'est pas le fruit du développement global de tous n'aura pas d'avenir et sera toujours semence de nouveaux conflits et de diverses formes de violence.

Pour la paix en Syrie

Angélus, 1er septembre 2013.

J'adresse un appel fort pour la paix, un appel qui naît du plus profond de moi ! Que de souffrance, que de destruction, que de douleur a provoquées et provoque encore l'usage des armes dans ce pays affligé, particulièrement parmi les populations civiles et sans défense ! Pensons que tant d'enfants ne pourront pas voir la lumière de l'avenir ! Avec une fermeté particulière je condamne l'usage des armes chimiques ! J'ai encore fixées dans mon esprit et dans mon cœur les terribles images de ces derniers jours ! Sur nos actions portera le jugement de Dieu et aussi le jugement de l'histoire, auxquels on ne peut pas échapper ! Ce n'est jamais l'usage de la violence qui conduit à la paix. La guerre appelle la guerre, la violence appelle la violence !

Que pouvons-nous faire pour la paix dans le monde ? Comme le disait le pape Jean XXIII, la tâche incombe à tous que la vie en société soit refondée sur les bases de la justice et de l'amour.

Qu'une chaîne d'engagement pour la paix unisse tous les hommes et toutes les femmes de bonne volonté ! C'est une forte et pressante invitation que j'adresse à toute l'Église catholique, mais que j'étends à tous les chrétiens d'autres confessions, aux hommes et aux femmes de chaque religion, ainsi qu'à ces frères et sœurs qui ne croient pas : la paix est un bien qui dépasse toute barrière, parce qu'elle est un bien de toute l'humanité.

Je le répète à haute voix : ce n'est pas la culture de l'affrontement, la culture du conflit qui construit la vie collective dans un peuple et entre les peuples, mais la culture de la rencontre, la culture du dialogue ; celle-là est l'unique voie pour la paix.

De la justice naît la paix

Discours aux participants à la rencontre organisée par le Conseil pontifical « Justice et Paix » pour le 50e anniversaire de l'encyclique *Pacem in terris*, 3 octobre 2013.

Quel est le fondement de la construction de la paix ? *Pacem in terris*[1] veut le rappeler à tous : il réside dans l'origine divine de l'homme, de la société et de l'autorité elle-même, qui engage les personnes, les familles, les divers groupes sociaux et les États à vivre des relations de justice et de solidarité. Il est alors du devoir des hommes de construire

1. *Pacem in terris* est la dernière encyclique du pape Jean XXIII, publiée en 1963.

la paix, à l'exemple de Jésus-Christ, en parcourant ces deux voies : promouvoir et pratiquer la justice avec vérité et amour ; contribuer, chacun selon ses possibilités, au développement humain global, selon la logique de la solidarité.

En regardant notre réalité actuelle, je me demande si nous avons compris cette leçon de *Pacem in terris*. Je me demande si les mots « justice » et « solidarité » figurent uniquement dans notre dictionnaire ou si nous œuvrons tous afin qu'ils deviennent réalité. L'encyclique du bienheureux Jean XXIII nous rappelle clairement qu'il ne peut y avoir véritablement de paix et d'harmonie si nous ne travaillons pas en vue d'une société plus juste et solidaire, si nous ne dépassons pas les égoïsmes, les individualismes, les intérêts de groupe et cela à tous les niveaux.

La paix du Christ

Evangelii gaudium, 220-230, 24 novembre 2013.

Le Christ a tout unifié en lui : le Ciel et la Terre, Dieu et l'homme, le temps et l'éternité, la chair et l'esprit, la personne et la société. Le signe distinctif de cette unité et de cette réconciliation de tout en lui est la paix : le Christ « est notre paix » (Éphésiens 2,14). L'annonce de l'Évangile commence toujours avec le salut de paix, et à tout moment la paix couronne les relations entre les disciples et leur donne cohésion. La paix est possible parce que le Seigneur a vaincu le monde, avec ses conflits permanents, « faisant la paix par le sang de sa Croix » (Colossiens 1,20). Mais si nous allons au fond de ces textes bibliques, nous découvrons que le premier domaine où nous sommes appelés à conquérir cette pacification des différences, c'est notre propre intériorité, notre propre vie toujours menacée par la division polémique. Avec des cœurs divisés, brisés en mille morceaux, il serait difficile de construire une authentique paix sociale.

L'annonce de la paix n'est pas celle d'une paix négociée mais la conviction que l'unité de l'Esprit harmonise toutes les diversités. Elle dépasse tout conflit en une synthèse nouvelle et pleine de promesse. La diversité est belle quand elle accepte d'entrer constamment dans un processus de réconciliation, jusqu'à sceller une sorte de pacte culturel qui fait émerger une « diversité réconciliée ».

Instruments de paix

Evangelii gaudium, 239, 24 novembre 2013.

L'Église proclame l'« Évangile de la paix » (Éphésiens 6,15) et elle est ouverte à la collaboration avec toutes les autorités nationales et internationales pour prendre soin de ce bien universel si grand. En annonçant Jésus-Christ, qui est la paix en personne (cf. Éphésiens 2,14), la nouvelle évangélisation engage tout baptisé à être instrument de pacification et témoin crédible d'une vie réconciliée. C'est le moment de savoir comment projeter la recherche de consensus et d'accords dans une culture qui privilégie le dialogue comme forme de rencontre, mais sans cesser de se préoccuper d'une société juste, capable de mémoire, et sans exclusion. L'auteur principal, le sujet historique de ce processus, c'est le peuple et sa culture, et non une classe, une fraction, un groupe, une élite. Nous n'avons pas besoin d'un projet de quelques-uns destiné à quelques-uns, ni d'une minorité éclairée qui représenterait et s'approprierait un sentiment collectif. Il s'agit d'un accord pour vivre ensemble, d'un pacte social et culturel.

Paix, commerce des armes, migrations

Discours à l'occasion de la présentation des lettres de créance des ambassadeurs de sept pays, Suisse, Liberia, Éthiopie, Soudan, Jamaïque, Afrique du Sud, Inde, 15 mai 2014.

« Paix », ce mot résume tout le bien auquel aspire chaque personne et chaque société humaine. En dernière analyse, même l'engagement avec lequel nous nous efforçons de promouvoir les relations diplomatiques n'a d'autre but que celui-ci : faire avancer la paix au sein de la famille humaine, à travers le développement et la justice. Il s'agit d'un objectif jamais pleinement atteint, qui exige d'être poursuivi de façon toujours nouvelle par chaque génération, en affrontant les défis soulevés par chaque époque.

En considérant les défis auxquels il est urgent de faire face à notre époque pour édifier un monde plus pacifique, je voudrais en souligner deux : le commerce des armes et les migrations forcées.

Tout le monde parle de paix, tout le monde déclare la vouloir mais, malheureusement, la prolifération d'armements en tout genre conduit dans la direction opposée. Le commerce des armes a pour effet de compliquer et d'éloigner la résolution des conflits, d'autant plus qu'il se développe et s'exerce en grande partie en dehors du droit.

Le phénomène des migrations forcées est étroitement lié aux conflits et aux guerres et donc aussi au problème de la prolifération des armes dont je viens de parler. Ce sont les blessures d'un monde qui est le nôtre, dans lequel Dieu nous a placés pour vivre aujourd'hui, en nous appelant à être responsables de nos frères et sœurs, afin que la dignité d'aucun être humain ne soit violée. Ce serait une contradiction absurde que de parler de paix, de négocier la paix et, dans le même temps, de promouvoir ou de permettre le commerce des armes. Nous pourrions même penser qu'il serait dans un certain sens cynique de proclamer les droits humains et, dans le même temps, d'ignorer ou de ne pas prendre en charge des hommes et des femmes qui, obligés de quitter leur terre, meurent dans leur fuite ou ne sont pas accueillis par la solidarité internationale.

Le dialogue crée la paix

Discours aux étudiants et professeurs du collège Seibu Gakuen Bunri Junior High School de Tokyo, 21 août 2013.

Quelle est l'attitude la plus profonde à avoir pour dialoguer et ne pas se disputer ? La douceur, la capacité de rencontrer les personnes, de rencontrer les cultures avec un esprit de paix ; la capacité de poser des questions intelligentes :

« Mais pourquoi penses-tu ceci ? Pourquoi cette culture fait-elle cela ? » Écouter les autres, puis parler. D'abord écouter, puis parler. Tout cela témoigne de la *douceur*. Et si on n'est pas d'accord avec moi – « Mais tu sais… je suis d'un avis différent, je ne suis pas convaincu » – nous sommes quand même amis, j'ai écouté la manière de penser de l'autre et il a écouté la mienne. Ce qui est important, c'est que ce dialogue est celui qui construit la paix. Il ne peut pas y avoir de paix sans dialogue. Toutes les guerres, toutes les luttes, tous les problèmes non résolus que nous affrontons sont dus à l'absence de dialogue. Quand il y a un problème, je dialogue, cela fait la paix. C'est ce que je nous souhaite dans ce voyage de dialogue : que vous sachiez dialoguer. Que vous vous demandiez comment pense cette culture. Vous trouvez que cela est beau, que ceci ne vous plaît pas, mais en dialoguant. C'est ainsi que l'on mûrit.

Regarder la Croix

Homélie lors de la veillée de prière pour la paix,
7 septembre 2013.

Ma foi chrétienne me pousse à regarder la Croix. Comme je voudrais que pendant un moment tous les hommes et toutes les femmes de bonne volonté regardent la Croix ! On peut y lire la réponse de Dieu : là, à la violence on ne répond pas par la violence, à la mort on ne répond pas par le langage de la mort. Dans le silence de la Croix se tait le bruit des armes et se fait entendre le langage de la réconciliation, du pardon, de la paix. Je voudrais demander au Seigneur ce soir que nous tous, chrétiens et frères des autres religions, chaque homme et chaque femme de bonne volonté, criions avec force : « La violence et la guerre ne sont jamais la voie de la paix ! » Que chacun s'applique à regarder au fond de sa conscience et écoute cette parole qui dit : « Sors de tes intérêts qui atrophient le cœur, dépasse l'indifférence envers l'autre qui rend le cœur insensible, vaincs tes raisons de mort et ouvre-toi au dialogue, à la réconciliation. Regarde la douleur de ton frère – je pense aux enfants, seulement à eux... –, regarde la douleur de ton frère, et n'y ajoute pas une autre douleur, arrête ta main, reconstruis l'harmonie qui s'est brisée, et cela non par le conflit mais par la rencontre ! » Que se taisent les armes ! La guerre marque toujours l'échec de la paix, elle est toujours une défaite pour l'humanité.

Shalom, paix, salam !

Invocation pour la paix avec le président israélien Shimon Pérès,
et le président palestinien Mahmoud Abbas,
dans les jardins du Vatican, 8 juin 2014.

Le monde est un héritage que nous avons reçu de nos ancêtres, mais c'est aussi un prêt de nos enfants : des fils qui sont fatigués et épuisés par les conflits et désireux de parvenir à l'aube de la paix ; des fils qui nous demandent d'abattre les murs de l'inimitié et de parcourir la route du dialogue et de la paix afin que l'amour et l'amitié triomphent.

Beaucoup trop de ces fils sont tombés, victimes innocentes de la guerre et de la violence, plantes arrachées en pleine vigueur. C'est notre devoir de faire en sorte que leur sacrifice ne soit pas vain. Que leur mémoire nous inspire le courage de la paix, la force de persévérer dans le dialogue à tout prix, la patience de tisser jour après jour la trame toujours plus solide d'une cohabitation respectueuse et pacifique, pour la gloire de Dieu et le bien de tous.

Pour faire la paix, il faut du courage, bien plus que pour faire la guerre. Il faut du courage pour dire oui à la rencontre et non à l'affrontement, oui au dialogue et non à la violence, oui à la négociation et non aux hostilités, oui au respect des accords et non aux provocations, oui à la sincérité et non à la duplicité. Pour tout cela, il faut du courage, une grande force d'âme.

L'histoire nous enseigne que nos forces ne suffisent pas. Plus d'une fois nous avons été proches de la paix, mais le Malin, par divers moyens, a réussi à l'empêcher. C'est pourquoi nous sommes ici, parce que nous savons et nous croyons que nous avons besoin de l'aide de Dieu. Nous ne renonçons pas à nos responsabilités, mais nous invoquons Dieu en un acte de suprême responsabilité, face à nos consciences et face à nos peuples. Nous avons entendu un appel, et nous devons y répondre, c'est l'appel à rompre la spirale de la haine et de la violence, à la rompre avec une seule parole : « Frère. » Mais pour prononcer cette parole, nous devons tous lever le regard vers le Ciel, et nous reconnaître enfants d'un seul Père.

Nous avons essayé tant de fois et durant tant d'années de résoudre nos conflits avec nos forces et nos armes. Tant de moments d'hostilité et d'obscurité, tant de sang versé, tant de vies brisées, tant d'espérances ensevelies... Mais nos efforts ont été vains. À présent, Toi, Seigneur, aide-nous ! Donne-nous la paix, enseigne-nous la paix, guide-nous vers la paix. Ouvre nos yeux et nos cœurs et donne-nous le courage de dire : « Plus jamais la guerre ! Avec la guerre tout est détruit ! » Donne-nous le courage d'accomplir des gestes concrets pour construire la paix.

Le pardon

Dieu ne se fatigue jamais de pardonner

Angélus, 1er mars 2013.

Un peu de miséricorde rend le monde moins froid et plus juste. Nous avons besoin de bien comprendre cette miséricorde de Dieu, ce Père miséricordieux qui a une telle patience… Souvenons-nous du prophète Isaïe qui affirme que même si nos péchés étaient rouge écarlate, l'amour de Dieu les rendrait blancs comme neige. C'est beau la miséricorde ! Je me souviens que peu après être devenu évêque, en 1992, est arrivée à Buenos Aires la Vierge de Fatima, et l'on a fait une grande messe pour les malades. Je suis allé confesser lors de cette messe. Et presque à la fin de la messe, je me suis levé, je devais administrer une confirmation. Est venue vers moi une femme humble, âgée, elle avait plus de quatre-vingts ans. Je l'ai regardée et je lui ai dit : « Grand-mère – parce que chez nous c'est ainsi que nous appelons les personnes âgées –, vous voulez vous confesser ? – Oui », m'a-t-elle dit. « Mais si vous n'avez pas péché… »

Et elle m'a dit : « Nous avons tous péché... – Mais peut-être le Seigneur ne le pardonne pas... – Le Seigneur pardonne tout », m'a-t-elle dit, sûre d'elle. « Comment le savez-vous, madame ? – Si le Seigneur ne pardonnait pas tout, le monde n'existerait pas. » Il m'est venu l'envie de lui demander : « Dites-moi, madame, vous avez étudié à la Grégorienne [université pontificale] ? », parce que ce qu'elle venait de me dire c'est la sagesse que donne l'Esprit Saint, la sagesse intérieure vers la miséricorde de Dieu. N'oublions pas cette parole : Dieu ne se fatigue jamais de nous pardonner, jamais !

« Eh, mon père, quel est le problème ? » Eh bien, le problème c'est que nous, nous nous fatiguons ! Nous ne voulons pas persévérer ! Nous nous fatiguons de demander pardon ! Lui ne se fatigue pas de pardonner, mais nous, parfois, nous nous fatiguons de demander pardon.

Ne nous fatiguons jamais, jamais ! Lui est le Père plein d'amour qui toujours pardonne, qui a ce cœur de miséricorde pour nous tous. Nous aussi apprenons à être miséricordieux avec tous. Invoquons l'intercession de la Vierge qui a eu entre ses bras la miséricorde de Dieu fait homme.

Le don du pardon

Discours aux participants à un cours de la Pénitencerie apostolique, 28 mars 2014.

Dieu nous aime, Il aime toujours l'homme pécheur, et avec cet amour, Il l'attire à lui et l'invite à la conversion. N'oublions pas que les fidèles ont souvent du mal à s'approcher de ce sacrement, soit pour des raisons pratiques, soit à cause de la difficulté naturelle à confesser ses péchés à un autre homme. C'est pour cette raison qu'il faut beaucoup travailler sur nous-mêmes, sur notre humanité, pour n'être jamais un obstacle mais pour toujours encourager à s'approcher de la miséricorde et du pardon. Mais il arrive bien souvent que quelqu'un vienne nous dire : « Je ne me suis pas confessé depuis des années, j'ai eu tel problème, et j'ai arrêté de me confesser parce que j'ai trouvé un prêtre qui m'a dit cela. » Et l'on voit alors l'imprudence, le manque d'amour pastoral à travers ce que raconte cette personne. Une telle mauvaise expérience peut éloigner de la confession. Si l'on a cette attitude de père qui vient de la bonté de Dieu, cela n'arrivera jamais.

Nous connaissons tous les difficultés que rencontre souvent la confession. Il y a de nombreuses raisons à cela, historiques ou spirituelles. Toutefois, nous savons que le Seigneur a voulu faire ce don immense à l'Église, en offrant aux baptisés la certitude du pardon du Père. C'est cela : c'est la certitude du pardon du Père. C'est pourquoi il est très important que dans tous les diocèses et dans les communautés paroissiales, on soigne particulièrement la célébration de ce sacrement du pardon et du salut. Il est bon que dans toutes les paroisses, les fidèles sachent quand ils peuvent trouver des prêtres disponibles : si nous sommes fidèles à notre vocation, les fruits se voient. Cela vaut tout particulièrement pour les églises confiées à des communautés religieuses, qui peuvent assurer une présence constante de confesseurs.

Le Seigneur oublie

Conférence de presse durant le vol de retour de Rio de Janeiro, 28 juillet 2013.

Je vois que souvent dans l'Église on va chercher les « péchés de jeunesse » par exemple, et on les rend publics. Je ne parle pas ici des délits, les délits c'est autre chose : l'abus sur mineurs est un délit. Non, je parle des simples péchés. Car si une personne, laïc ou prêtre ou religieuse, a péché et ensuite s'est convertie, le Seigneur pardonne, et quand le Seigneur pardonne, le Seigneur oublie et cet oubli est important pour notre vie. Quand nous allons nous confesser et que nous disons sincèrement : « J'ai péché en ceci », le Seigneur oublie et nous, nous n'avons pas le droit de ne pas oublier, parce que nous courons alors le risque que le Seigneur n'oublie pas nos péchés ! Voilà le danger. C'est important, une théologie du péché. Souvent je pense à saint Pierre : il a commis l'un des pires péchés, celui de renier le Christ, et avec ce péché il a été fait pape. Nous devons y penser beaucoup.

La confession et le pardon

Audience générale, 20 novembre 2013.

Dieu pardonne chaque homme dans sa miséricorde souveraine, mais Lui-même a voulu que ceux qui appartiennent au Christ et à l'Église reçoivent le pardon à travers les ministres de la communauté. À travers le ministère apostolique, je suis touché par la miséricorde de Dieu, mes fautes me sont pardonnées, et la joie m'est donnée. De cette façon, Jésus nous appelle à vivre la réconciliation également dans la dimension ecclésiale, communautaire. Et cela est très beau. L'Église, qui est sainte et qui a aussi besoin de pénitence, accompagne notre chemin de conversion pour toute la vie. L'Église ne détient pas le pouvoir des clés, mais elle est servante du ministère de la miséricorde et se réjouit toutes les fois qu'elle peut offrir ce don divin.

De nombreuses personnes ne comprennent sans doute pas la dimension ecclésiale du pardon, parce que dominent toujours l'individualisme, le subjectivisme, et nous aussi chrétiens en souffrons. Certes, Dieu pardonne chaque pécheur repenti, personnellement, mais le chrétien est lié au Christ, et le Christ est uni à l'Église. Pour nous chrétiens, c'est un don en plus, et un engagement supplémentaire, que de passer humblement à travers le ministère ecclésial. Nous devons valoriser cela ; c'est un don, un soin, une protection et c'est également la certitude que Dieu m'a pardonné. Je vais voir mon frère prêtre et je dis : « Père, j'ai fait cela… » Et lui répond : « Mais moi je te pardonne, Dieu te pardonne. » À ce moment-là, je suis sûr que Dieu m'a pardonné ! Et c'est beau d'avoir la certitude que Dieu nous pardonne toujours, ne se lasse pas de pardonner. Et nous, nous ne devons pas nous lasser d'aller demander pardon. On peut ressentir de la honte à dire ses péchés, mais nos mères et nos grands-mères disaient qu'« il vaut mieux devenir rouge une fois que jaune mille fois ».

On rougit une fois, mais nos péchés nous sont pardonnés et l'on va de l'avant.

Le pape aussi se confesse tous les quinze jours, parce que le pape aussi est un pécheur. Et le confesseur entend les choses que je lui dis, me conseille et me pardonne, parce que tous nous avons besoin de ce pardon.

La honte de demander pardon

Audience générale, 19 février 2014.

Moi, je ne peux pas dire : « Je me pardonne mes péchés. » Le pardon se demande à un autre et dans la confession nous demandons le pardon à Jésus. Le pardon n'est pas le fruit de nos efforts, c'est un cadeau, c'est un don de l'Esprit Saint qui nous inonde de miséricorde, et de la grâce qui jaillit sans cesse du cœur grand ouvert du Christ crucifié et ressuscité. En second lieu, il nous rappelle que c'est seulement si nous nous laissons réconcilier dans le Seigneur Jésus avec le Père et avec nos frères, que nous pouvons être vraiment dans la paix. Et cela, nous le ressentons tous dans le cœur quand nous allons nous confesser, avec un poids sur l'âme, un peu de tristesse : quand nous recevons le pardon de Jésus nous sommes en paix, de cette paix de l'âme si belle que seul Jésus peut donner, lui et seulement lui.

On peut dire : « Je ne me confesse qu'à Dieu. » Oui, on peut dire à Dieu : « Pardonne-moi », et dire ses péchés, mais nos péchés sont aussi contre nos frères, contre l'Église. C'est pourquoi il est nécessaire de demander pardon à l'Église, à nos frères, en la personne du prêtre. « Mais père, j'ai honte… » La honte aussi est une bonne chose, il est bon d'avoir un peu honte, avoir honte est salutaire.

Chers amis, célébrer le sacrement de la réconciliation signifie être enveloppés par une étreinte chaleureuse : c'est l'étreinte de la miséricorde infinie du Père.

La miséricorde

La miséricorde est vie

Angélus, 9 juin 2013.

La miséricorde de Jésus n'est pas seulement un sentiment, c'est une force qui donne la vie, qui ressuscite l'homme ! C'est ce que nous dit également l'Évangile d'aujourd'hui, dans l'épisode de la veuve de Naïm (Luc 7,11-17). Avec ses disciples, Jésus arrive à Naïm, un village de Galilée, juste au moment où a lieu un enterrement : on conduit à sa sépulture un jeune homme, fils unique d'une veuve. Le regard de Jésus se pose immédiatement sur la mère en larmes. L'évangéliste Luc dit : « En la voyant, le Seigneur eut de la compassion pour elle » (v. 13). Cette compassion, c'est l'amour de Dieu pour l'homme, c'est la miséricorde, c'est-à-dire l'attitude de Dieu au contact de la misère humaine, de notre indigence, de notre souffrance, de notre angoisse. Le terme hébreu traduit par « compassion » rappelle les entrailles maternelles : la mère, en effet, ressent une réaction toute particulière face à la douleur de ses enfants. C'est ainsi que Dieu nous aime, dit l'Écriture.

Et quel est le fruit de cet amour, de cette miséricorde? C'est la vie! Jésus dit à la veuve de Naïm : « Ne pleure pas! », puis il appelle le jeune homme mort et le réveille comme d'un sommeil. Réfléchissons à cela, c'est beau : la miséricorde de Dieu donne la vie à l'homme, le ressuscite de la mort. Le Seigneur nous regarde toujours avec miséricorde, ne l'oublions pas, Il nous regarde toujours avec miséricorde, Il nous attend avec miséricorde. N'ayons pas peur de nous approcher de Lui! Il a un cœur miséricordieux! Si nous Lui montrons nos blessures intérieures, nos péchés, Il nous pardonne toujours. Il est pure miséricorde! Allons vers Jésus!

La miséricorde dans la Bible

Evangelii gaudium, 193, 24 novembre 2013.

L'impératif d'écouter le cri des pauvres prend chair en nous quand nous sommes bouleversés au plus profond par la souffrance d'autrui. Relisons quelques enseignements de la Parole de Dieu sur la miséricorde, pour qu'ils résonnent avec force dans la vie de l'Église. L'Évangile proclame : « Heureux les miséricordieux, parce qu'ils obtiendront miséricorde » (Matthieu 5,7). L'apôtre saint Jacques enseigne que la miséricorde envers les autres nous permet de sortir triomphants du jugement divin : « Parlez et agissez comme des gens qui doivent être jugés par une loi de liberté. Car le jugement est sans miséricorde pour qui n'a pas fait miséricorde; mais la miséricorde se rit du jugement » (Jacques 2,12-13).

La littérature sapientielle parle de l'aumône comme exercice concret de la miséricorde envers ceux qui en ont besoin : « L'aumône sauve de la mort et elle purifie de tout péché » (Tobie 12,9). Le Siracide l'exprime aussi de manière plus imagée : « L'eau éteint les flammes, l'aumône remet les péchés » (3,30). La même synthèse est reprise dans le Nouveau Testament : « Conservez entre vous une grande charité, car la charité couvre une multitude de péchés » (1 Pierre 4,8). Cette vérité a pénétré profondément la mentalité des Pères de l'Église et a exercé une résistance prophétique, comme alternative culturelle, contre l'individualisme hédoniste païen.

La caresse de l'Église

Discours aux prêtres du diocèse de Rome, 6 mars 2014.

L'Église aujourd'hui, nous pouvons l'imaginer comme un « hôpital de campagne ». Excusez-moi, mais je le vois comme cela, je le sens comme cela : un hôpital de campagne. Il faut soigner les blessures, tant et tant de blessures ! Il y a tant de personnes blessées par les problèmes matériels, par les scandales, même par ceux de l'Église... Des personnes blessées par les illusions du monde... Nous prêtres, nous devons être là, auprès de ces personnes. La miséricorde consiste avant tout à soigner les blessures. Quand quelqu'un est blessé, il a immédiatement besoin de cela, non pas d'analyses, de son taux de cholestérol, de glycémie... Il y a la blessure à soigner, après on verra les analyses, après on donnera les soins spécialisés, mais d'abord il faut soigner les blessures ouvertes.

Pour moi, en ce moment, c'est cela le plus important. Et il existe aussi des blessures cachées, parce qu'il y a des personnes qui s'éloignent pour ne pas montrer leurs blessures… Il me vient à l'esprit l'habitude, pour la loi mosaïque au temps de Jésus, d'éloigner les lépreux pour éviter la contamination… Il y a des personnes qui s'éloignent par honte, parce qu'elles ont honte qu'on voie leurs blessures… Et elles s'éloignent peut-être un peu en regardant de travers l'Église, mais au fond, à l'intérieur d'elles, il y a la blessure… Elles veulent une caresse ! Et vous, chers confrères, je vous le demande, connaissez-vous les blessures de vos paroissiens ? Est-ce que vous les devinez ? Est-ce que vous êtes proches d'eux ? C'est la seule question.

La miséricorde de l'Église

Conférence de presse durant le vol de retour de Rio de Janeiro, 28 juillet 2013.

Je crois que ce temps est le temps de la miséricorde. Ce changement d'époque, comme beaucoup de problèmes dans l'Église – le mauvais témoignage de certains prêtres, les problèmes de corruption dans l'Église, le problème du cléricalisme, pour donner quelques exemples –, a laissé beaucoup de blessés, beaucoup de blessés. Et l'Église est mère : elle doit aller soigner les blessés, avec miséricorde. Mais si le Seigneur ne se lasse pas de pardonner, nous n'avons pas d'autre choix que celui-ci : avant tout, soigner les blessés. L'Église est mère et elle doit aller sur ce chemin de la miséricorde. Et trouver une miséricorde pour tous. Je pense que quand le fils prodigue est revenu chez lui, son père ne lui a pas dit : « Assieds-toi et dis-moi : qu'as-tu fait de l'argent ? » Non, il a fait la fête ! Ensuite, peut-être, quand le fils a voulu parler, il a parlé. L'Église doit faire de même. Quand il y a quelqu'un... ne pas l'attendre seulement : aller le trouver ! C'est cela la miséricorde. Et je crois qu'il y a là un *kairos* : ce temps est un *kairos* de miséricorde.

La miséricorde pour la protection des droits

Discours lors de la visite au centre Astalli de Rome
pour les réfugiés, 10 septembre 2013.

La miséricorde demande que le pauvre trouve la voie pour ne plus être tel. Elle demande – et elle le demande à nous, Église, à nous, ville de Rome, aux institutions – que personne ne manque plus de nourriture, d'un logement de fortune, d'un service d'assistance juridique pour voir reconnu son droit à vivre et à travailler, à être pleinement une personne.

Servir, accompagner veut aussi dire défendre, cela veut dire se tenir au côté du faible. Combien de fois élevons-nous la voix pour défendre nos droits, mais combien de fois aussi sommes-nous indifférents envers les droits des autres ! Combien de fois ne savons-nous pas ou ne voulons-nous pas donner la parole à qui – comme vous [réfugiés] – a souffert et souffre, à qui a vu ses droits foulés aux pieds, à qui a vu tant de violence qu'elle a étouffé jusqu'à son désir d'avoir justice !

Dans toute l'Église, il est important que l'accueil du pauvre et la promotion de la justice ne soient pas seulement confiés à des « spécialistes », mais soient une attention de toute la pastorale, de la formation des futurs prêtres et religieux, de l'engagement quotidien de toutes les paroisses, de tous les mouvements et groupements religieux.

Dieu ne demande rien

Audience générale, 27 mars 2013.

Suivre, accompagner le Christ, demeurer avec Lui exige de « sortir » : sortir de soi-même, d'une manière de vivre la foi lasse et routinière, de la tentation de s'enfermer dans ses propres schémas qui finissent par refermer l'horizon de l'action créatrice de Dieu. Dieu est sorti de Lui-même pour venir au milieu de nous, Il a planté sa tente parmi nous pour nous apporter sa miséricorde qui sauve et donne espérance.

Dieu pense toujours avec miséricorde, n'oubliez pas cela. Dieu pense toujours avec miséricorde, Il est le Père miséricordieux ! Dieu pense comme le père qui attend le retour de son fils et va à sa rencontre, le voit venir lorsqu'il est encore loin... Qu'est-ce que cela signifie ? Que tous les jours il allait voir si son fils rentrait à la maison, qu'il l'attendait de tout cœur depuis la terrasse de sa maison. Tel est notre Père miséricordieux. Dieu pense comme le Samaritain qui ne passe pas près du malheureux en le plaignant ou en regardant ailleurs, mais qui le secourt sans rien demander en échange, sans demander s'il est juif, païen, samaritain, s'il est riche, s'il est pauvre : il ne demande pas ces choses-là, il ne demande rien, il lui vient en aide. Dieu est ainsi. Dieu pense comme le pasteur qui donne sa vie pour défendre et sauver les brebis.

L'espérance

L'espérance dans le Royaume de Dieu

Evangelii gaudium, 180, 24 novembre 2013.

En lisant les Écritures, il apparaît clairement que la proposition de l'Évangile ne consiste pas seulement en une relation personnelle avec Dieu. Et notre réponse d'amour ne devrait pas s'entendre non plus comme une simple somme de petits gestes personnels en faveur de quelque individu dans le besoin, ce qui pourrait constituer une sorte de « charité à la carte », une suite d'actions tendant seulement à tranquilliser notre conscience. Ce qui est proposé c'est le Royaume de Dieu (Luc 4,43) : il s'agit d'aimer Dieu qui règne dans le monde. Dans la mesure où Il réussira à régner parmi nous, la vie sociale sera un espace de fraternité, de justice, de paix, de dignité pour tous. Donc aussi bien l'annonce que l'expérience chrétienne tendent à avoir des conséquences sociales. Cherchons son Royaume : « Cherchez d'abord son Royaume et sa justice, et tout cela vous sera donné par surcroît » (Matthieu 6,33). Le projet de Jésus est d'instaurer le Royaume de son Père ; il demande à ses disciples : « Proclamez que le Royaume des Cieux est tout proche » (Matthieu 10,7).

Le don de l'espérance

Discours aux participants au congrès ecclésial du diocèse de Rome, 17 juin 2013.

Parmi toutes les douleurs, tous les problèmes qui existent ici, à Rome, il y a des gens qui vivent sans espérance. Chacun de nous peut penser, en silence, aux personnes qui vivent sans espérance, qui sont plongées dans une profonde tristesse dont elles tentent de sortir en croyant trouver le bonheur dans l'alcool, la drogue, dans les jeux de hasard, dans le pouvoir de l'argent, dans une sexualité déréglée... Mais elles sont encore plus déçues et laissent parfois éclater leur colère envers la vie par des comportements violents et indignes de l'homme. Combien de personnes tristes, sans espérance ! Pensez aussi aux nombreux jeunes qui, après avoir expérimenté tant de choses, ne trouvent pas de sens à leur vie et cherchent dans le suicide la solution. Savez-vous combien il y a de suicides de jeunes dans le monde aujourd'hui ? Un nombre considérable ! Pourquoi ? Parce qu'ils n'ont pas d'espérance. Ils ont essayé tant de choses et la société, qui est cruelle – elle est si cruelle ! –, ne peut leur donner d'espérance. L'espérance est comme la grâce, on ne peut l'acheter, c'est un don de Dieu. Et nous devons offrir l'espérance chrétienne avec notre témoignage, avec notre liberté, avec notre joie. Le don que nous fait Dieu de la grâce apporte l'espérance.

Nous qui avons la joie de nous apercevoir que nous ne sommes pas orphelins, que nous avons un Père, pouvons-nous être indifférents envers cette ville qui nous demande, peut-être même inconsciemment, sans le savoir, une espérance qui l'aide à se tourner vers l'avenir avec une plus grande confiance et sérénité ? Nous ne pouvons pas être indifférents. Mais comment pouvons-nous aller de l'avant et offrir l'espérance ? Avancer sur notre chemin en disant : « Moi j'ai l'espérance » ? Non ! À travers notre témoignage, à travers notre sourire, nous devons dire : « Je crois que j'ai un Père. » L'annonce de l'Évangile, c'est cela : à travers ma parole, à travers mon témoignage, je dois dire : « J'ai un Père. Nous ne sommes pas orphelins. Nous avons un Père », et partager cette filiation avec le Père et avec tous les autres.

Espérance et pauvreté

Discours aux étudiants et professeurs des écoles gérées par les jésuites en Italie et en Albanie, 7 juin 2013.

Avant tout, je voudrais dire une chose, à vous tous les jeunes : ne vous laissez par voler l'espérance ! S'il vous plaît, ne vous la laissez pas voler. Et qui vous vole l'espérance ? L'esprit du monde, les richesses, l'esprit de la vanité, la suffisance, l'orgueil. Tout cela vole l'espérance. Où trouver l'espérance ? Dans Jésus pauvre, Jésus qui s'est fait pauvre pour nous. La pauvreté nous appelle à semer l'espérance, pour avoir nous aussi davantage d'espérance. Cela semble un peu difficile à comprendre, mais je me souviens que le père Arrupe a écrit un jour une belle lettre aux centres de recherche sociaux, aux centres sociaux de la Compagnie [de Jésus]. Il parlait de la façon dont il faut étudier le problème social et à la fin, il disait, il nous disait à tous : « Écoutez, on ne peut pas parler des pauvres sans avoir fait l'expérience de la pauvreté. » On ne peut pas parler de pauvreté, de pauvreté abstraite, celle-ci n'existe pas ! La pauvreté est la chair de Jésus pauvre, dans cet enfant qui a faim, dans celui qui est malade, dans ces structures sociales injustes. Allez regarder là-bas la chair de Jésus. Mais ne vous laissez pas voler l'espérance par le bien-être, par l'esprit du bien-être qui, à la fin, conduit à un « rien » ! Le jeune doit parier sur des idéaux élevés. Voilà mon conseil. Mais l'espérance, où la trouver ? Dans la chair de Jésus souffrant et dans la véritable pauvreté. Il y a un lien entre les deux.

Les jeunes et l'avenir

Discours à l'occasion de la veillée de prière avec les jeunes à Rio de Janeiro-Copacabana, 27 juillet 2013.

Votre cœur jeune veut construire un monde meilleur. Je suis les nouvelles du monde et je vois que de nombreux jeunes, en tant que parties prenantes du monde, sont descendus dans la rue pour exprimer le désir d'une civilisation plus juste et fraternelle. Les jeunes dans la rue sont des jeunes qui veulent être acteurs du changement. S'il vous plaît, ne laissez pas les autres être seuls acteurs du changement ! Vous, vous avez l'avenir ! Par vous l'avenir entre dans le monde. Je vous demande d'être acteurs de ce changement. Continuez à vaincre l'apathie, en donnant une réponse chrétienne aux inquiétudes sociales et politiques, présentes dans diverses parties du monde. Je vous demande d'être constructeurs du monde, de vous mettre au travail pour un monde meilleur. Chers jeunes, s'il vous plaît, ne regardez pas la vie « du haut de votre balcon », entrez en elle, Jésus n'est pas resté au balcon, il s'est immergé ; ne regardez pas la vie de votre balcon, immergez-vous en elle comme l'a fait Jésus.

Demeure cependant une question : par où commencer ? À qui demander de commencer cela ? À toi et à moi ! Que chacun, une fois encore en silence, se demande : « Si je devais commencer par moi, par où commencerais-je ? » Que chacun ouvre son cœur pour que Jésus lui dise par où commencer.

L'espérance du changement

Discours lors de la visite à la communauté de Varginha
à Rio de Janeiro, 25 juillet 2013.

Ici, comme dans tout le Brésil, il y a beaucoup de jeunes. Vous, chers jeunes, vous êtes particulièrement sensibles aux injustices, mais souvent vous êtes déçus par la réalité de la corruption de ceux qui, au lieu de chercher le bien commun, cherchent leur propre intérêt. À vous aussi et à tous je répète : ne vous découragez jamais, ne perdez pas confiance, ne laissez pas s'éteindre l'espérance. La réalité peut changer, l'homme peut changer. Cherchez, vous les premiers, à apporter le bien, à ne pas vous habituer au mal, mais à le vaincre par le bien. L'Église vous accompagne, vous apportant le bien précieux de la foi, de Jésus-Christ qui est « venu pour que les hommes aient la vie, pour qu'ils l'aient en abondance » (Jean 10,10).

Aujourd'hui à vous tous je dis : vous n'êtes pas seuls, l'Église est avec vous, le pape est avec vous. Je porte chacun de vous dans mon cœur et je fais miennes les intentions que vous avez au fond de vous-mêmes, je fais miens vos remerciements pour les joies, vos demandes d'aide dans les difficultés, votre désir de consolation dans les moments de peine et de souffrance.

Semer l'espérance

Discours à l'occasion de la rencontre avec les pauvres et les détenus à Cagliari, 22 septembre 2013.

Toute la société italienne a besoin d'espérance aujourd'hui, et la Sardaigne en particulier. Qui a des responsabilités politiques et civiles a une tâche qu'en tant que citoyens il nous faut soutenir de manière active. Certains membres de la communauté chrétienne sont appelés à s'engager dans ce domaine de la politique, qui est une haute forme de charité, comme le disait Paul VI. Mais en tant qu'Église nous avons tous une grande responsabilité qui est de semer l'espérance avec des œuvres de solidarité, en cherchant toujours à collaborer de la meilleure façon avec les institutions publiques, dans le respect des compétences respectives. La Caritas est l'expression de la communauté, et la force de la communauté chrétienne est de faire croître la société de l'intérieur, comme le levain. Je pense à vos initiatives auprès des détenus dans les prisons, je pense au volontariat de tant d'associations, à la solidarité avec les familles qui souffrent le plus à cause du manque de travail. Pour cela je vous dis : courage ! Ne vous laissez pas voler l'espérance et allez de l'avant ! Qu'on ne vous la vole pas ! Au contraire, semez l'espérance ! Merci, chers amis ! Je vous bénis tous, avec vos familles. Merci à vous tous !

La joie

La joie de la rencontre

Discours à l'occasion d'une rencontre avec les séminaristes et les novices, 6 juillet 2013.

La vraie joie ne vient pas des choses matérielles, du fait d'avoir, non ! Elle naît de la rencontre, de la relation avec les autres, elle naît du fait de se sentir acceptés, compris, aimés, du fait d'accepter, de comprendre et d'aimer, et ce non pas en raison de l'intérêt d'un moment, mais parce que l'autre, homme, femme, est une personne. La joie naît de la gratuité d'une rencontre ! C'est s'entendre dire : « Tu es important pour moi », pas nécessairement avec des paroles. Cela est beau… Et c'est précisément cela que Dieu nous fait comprendre. En vous appelant, Dieu vous dit : « Tu es important pour Moi, Je t'aime, Je compte sur toi. » Jésus dit cela à chacun de nous ! C'est de là que naît la joie ! La joie du moment où Jésus nous a regardés. Comprendre et sentir cela est le secret de notre joie. Se sentir aimés de Dieu, sentir que pour Lui nous ne sommes pas des numéros, mais des personnes, et sentir que c'est Lui qui nous appelle.

Et la joie de la rencontre avec Lui et de Son appel pousse à ne pas se renfermer, mais à s'ouvrir. Elle nous conduit au service dans l'Église. Saint Thomas disait : *Bonum est diffusivum sui* – ce n'est pas du latin trop difficile ! –, « Le bien se communique ». Et la joie aussi se communique. N'ayez pas peur de montrer votre joie d'avoir répondu à l'appel du Seigneur, à son choix d'amour, et de témoigner de son Évangile dans le service de l'Église. Et la joie, la vraie, est contagieuse, elle contamine… elle fait avancer.

La joie complète de Jésus

Discours aux familles en pèlerinage à Rome en l'Année de la foi, 26 octobre 2013.

La vie souvent est pénible, souvent aussi tragique ! Travailler est pénible, chercher un travail est pénible. Et trouver du travail aujourd'hui nous demande beaucoup d'efforts. Mais ce qui est le plus pénible dans la vie ce n'est pas cela, ce qui est plus pénible encore c'est le manque d'amour. C'est pénible de ne pas recevoir un sourire, de ne pas être accueilli. Comme certains silences sont pénibles, parfois aussi en famille, entre mari et femme, entre parents et enfants, entre frères. Sans amour, la peine devient plus pesante, insupportable. Je pense aux personnes âgées qui sont seules, aux familles qui peinent de ne pas être aidées à soutenir ceux qui, à la maison, ont besoin d'attentions spéciales et de soins. « Venez à moi, vous tous qui peinez sous le poids du fardeau », dit Jésus.

Chères familles, le Seigneur connaît nos fatigues, Il les connaît ! Et Il connaît les pesanteurs de notre vie. Mais le Seigneur connaît aussi notre profond désir de trouver la joie du repos ! Vous vous rappelez, Jésus a dit : « Que votre joie soit complète » (Jean 15,11). Jésus veut que notre joie soit complète. Il l'a dit aux apôtres et il nous le répète aujourd'hui. Alors, c'est la première chose que, ce soir, je veux partager avec vous, et c'est une parole de Jésus : « Venez à moi, familles du monde entier, dit Jésus, et je vous donnerai le repos, afin que votre joie soit complète. » Cette parole de Jésus, portez-la chez vous, portez-la dans votre cœur, partagez-la en famille. Il nous invite à venir à lui pour nous donner à tous la joie.

Partager la joie

Audience générale, 3 avril 2013.

À l'aube, les femmes se rendent au sépulcre pour oindre le corps de Jésus, et trouvent le premier signe : le tombeau vide (cf. Marc 16,1). Vient ensuite la rencontre avec un messager de Dieu qui annonce que Jésus de Nazareth, le Crucifié, n'est pas ici, il est ressuscité (Marc 16,5-6). Les femmes sont poussées par l'amour et elles savent accueillir cette annonce avec foi : elles croient, et immédiatement transmettent la nouvelle, elles ne la gardent pas pour elles, elles la transmettent.

La joie de savoir que Jésus est vivant, l'espérance qui remplit le cœur ne peuvent pas être réprimées. Cela devrait également être le cas dans notre vie. Nous ressentons la joie d'être chrétiens ! Nous croyons dans un Ressuscité qui a vaincu le mal et la mort ! Nous avons le courage de « sortir » pour apporter cette joie et cette lumière dans tous les lieux de notre vie ! La Résurrection du Christ est notre plus grande certitude, c'est le trésor le plus précieux ! Comment ne pas partager ce trésor, cette certitude, avec les autres ? Elle n'est pas seulement là pour nous, mais pour que nous la transmettions, que nous la donnions aux autres et la partagions avec eux. C'est précisément là notre témoignage.

La joie du chrétien

Homélie lors de la célébration eucharistique
en la basilique du sanctuaire Notre-Dame d'Aparecida,
Rio de Janeiro, 24 juillet 2013.

Chers amis, si nous marchons dans l'espérance, nous laissant surprendre par le vin nouveau que Jésus nous offre, il y aura de la joie en nos cœurs et nous ne pourrons être que des témoins de cette joie. Le chrétien est joyeux, il n'est jamais triste. Dieu nous accompagne. Nous avons une Mère qui intercède toujours pour la vie de ses enfants, pour nous. Jésus nous a montré que le visage de Dieu est celui d'un Père qui nous aime. Le péché et la mort ont été vaincus. Le chrétien ne peut pas être pessimiste ! Il n'a pas le visage d'une personne qui semble être en deuil permanent. Si nous sommes vraiment amoureux du Christ et si nous sentons combien il nous aime, notre cœur s'enflammera d'une joie telle qu'elle contaminera tous nos proches.

Comme le disait Benoît XVI, ici, dans ce sanctuaire : « Le disciple sait que sans le Christ il n'y a pas de lumière, pas d'espérance, pas d'amour, pas d'avenir. »

Chers amis, nous sommes venus frapper à la porte de la maison de Marie. Elle nous a ouvert, elle nous a fait entrer et nous a montré son Fils. Elle nous demande maintenant : « Tout ce qu'il vous dira, faites-le » (Jean 2,5). Oui, Mère, nous nous engageons à faire ce que Jésus nous dira ! Et nous le ferons avec espérance, confiants dans les promesses de Dieu et pleins de joie. Ainsi soit-il.

La joie dans la famille

Homélie à la messe en conclusion du pèlerinage
des familles à Rome en l'Année de la foi, 27 octobre 2013.

Comment va la joie chez vous ? Comment va la joie dans votre famille ? Chères familles, vous le savez bien, la vraie joie que l'on goûte en famille n'est pas quelque chose de superficiel, elle ne vient pas des choses, des circonstances favorables… La vraie joie vient d'une harmonie profonde entre les personnes, que tout le monde ressent en son cœur, et qui nous fait sentir la beauté d'être ensemble, de nous soutenir mutuellement, sur le chemin de la vie. Mais à la base de ce sentiment de joie profonde, il y a la présence de Dieu, la présence de Dieu dans la famille, il y a son amour accueillant, miséricordieux, respectueux envers tout le monde. Et surtout un amour patient : la patience est une vertu de Dieu et elle nous enseigne, en famille, à avoir cet amour patient, l'un envers l'autre. Avoir de la patience entre nous, un amour patient. Seul Dieu sait créer l'harmonie des différences. S'il manque l'amour de Dieu, la famille aussi perd son harmonie, les individualismes prévalent, et la joie s'éteint. En revanche, la famille qui vit la joie de la foi la communique spontanément, elle est le sel de la terre et la lumière du monde, elle est levain pour toute la société.

Joie et gaieté

Méditation matinale, 10 mai 2013.

La gaieté, si nous voulons la vivre à tout moment, se transforme finalement en légèreté, en superficialité, et nous conduit à une attitude de manque de sagesse chrétienne, elle nous rend un peu idiots, naïfs, n'est-ce pas ? Tout est gaieté ? Non. La joie, c'est autre chose. La joie est un don du Seigneur. Elle nous comble du dedans. C'est comme une onction de l'Esprit.

Cette joie se trouve dans la certitude que Jésus est avec nous et avec le Père. L'autre jour j'ai dit que Paul allait prêcher, qu'il établissait des ponts car il était sûr de Jésus. C'est cette même certitude qui nous donne la joie. L'homme joyeux, la femme joyeuse sont tels parce qu'ils sont sûrs que Jésus est avec eux. Mais est-ce une certitude que nous pouvons toujours avoir ? Que nous pouvons mettre en bouteille pour l'avoir toujours avec nous ? Non, car si nous voulons cette joie seulement pour nous, finalement elle dépérit et notre cœur devient quelque peu fripé, notre visage ne transmet plus cette grande joie, mais une nostalgie, une mélancolie qui n'est pas saine. Parfois ces chrétiens mélancoliques évoquent davantage des petits poivrons au vinaigre que des personnes joyeuses et vivant une belle vie.

Mais la joie, nous ne pouvons l'arrêter : elle doit aller de l'avant, car elle est une vertu en marche. C'est un don qui marche, qui marche sur la route de la vie, qui marche avec Jésus : prêcher, annoncer Jésus, la joie prolonge la route et élargit le chemin.

C'est une vertu des grands, de ces grands qui sont au-dessus des petitesses, qui sont au-dessus de ces petitesses humaines, qui ne se laissent pas enfermer dans ces petites choses internes de la communauté, de l'Église ; ils regardent toujours l'horizon. La joie est une vertu du cheminement. Saint Augustin disait : « Chante et marche ! » Voilà la joie du chrétien : le chrétien chante avec joie, et marche et apporte cette joie. Parfois cette joie peut aussi être cachée par la Croix, mais elle chante et marche.

La foi

Foi et justice

Encyclique *Lumen fidei*, 55, 29 juin 2013.

La foi nous aide à trouver des modèles de développement qui ne se basent pas seulement sur l'utilité et sur le profit, mais qui considèrent la création comme un don dont nous sommes tous débiteurs ; elle nous enseigne à découvrir des formes justes de gouvernement, reconnaissant que l'autorité vient de Dieu pour être au service du bien commun.

Quand la foi diminue, il y a le risque que même le fondement de l'existence s'amoindrisse, comme le prévoyait le poète T. S. Eliot : « Avez-vous peut-être besoin qu'on vous dise que même ces modestes succès / Qui vous permettent d'être fiers d'une société éduquée / Survivront difficilement à la foi à laquelle ils doivent leur signification ? » Si nous ôtons la foi en Dieu de nos villes, la confiance entre nous s'affaiblira. Nous nous tiendrons unis seulement par peur, et la stabilité sera menacée. La lettre aux Hébreux affirme : « Dieu n'a pas honte de s'appeler leur Dieu ; Il leur a préparé, en effet, une ville» (11,16). L'expression «ne pas avoir honte» est associée à une reconnaissance publique. Cela veut dire que Dieu confesse publiquement, par son agir concret, sa présence parmi nous, son désir de rendre solides les relations entre les hommes. Peut-être aurions-nous honte d'appeler Dieu notre Dieu? Peut-être est-ce nous qui ne le confesserions pas comme tel dans notre vie publique, qui ne proposerions pas la grandeur de la vie en commun qu'Il rend possible? La foi éclaire la vie en société. Elle possède une lumière créative pour chaque mouvement nouveau de l'histoire, parce qu'elle situe tous les événements en rapport avec l'origine et le destin de toute chose dans le Père qui nous aime.

La révolution de la foi

Homélie à l'occasion de la fête d'accueil des jeunes à Rio de Janeiro, 25 juillet 2013.

Bota fé, «Mets la foi». La croix des Journées mondiales de la jeunesse a crié ces paroles tout au long de son pèlerinage à travers le Brésil. «Mets ta foi», qu'est-ce que cela signifie? Quand on prépare un bon plat, si on voit qu'il manque du sel, alors on y met du sel; s'il manque de l'huile, alors on y met de l'huile... Mettre, c'est placer, verser. Il en est ainsi dans notre vie, chers jeunes, si nous voulons qu'elle ait vraiment sens et plénitude, comme vous-mêmes le désirez et le méritez, je dis à chacun et à chacune d'entre vous : mets la foi et la vie aura une saveur nouvelle, la vie aura une boussole qui donne la direction; mets l'espérance et chacune de tes journées sera illuminée, ton horizon ne sera plus sombre, mais lumineux ; mets l'amour et ton existence sera comme une maison construite sur le roc, ton chemin sera joyeux, parce que tu rencontreras beaucoup d'amis qui marchent avec toi. Mets la foi, mets l'espérance, mets l'amour !

Tous, nous sommes souvent tentés de nous mettre au centre, de croire que nous sommes l'axe de l'univers, de croire que nous sommes seuls, nous, à construire notre vie, ou de penser que ce qui la rend heureuse c'est l'argent, le pouvoir. Mais tous nous savons qu'il n'en est pas ainsi ! Certes, l'avoir, l'argent, le pouvoir peuvent donner un moment d'ébriété, l'illusion d'être heureux, mais à la fin, ce sont eux qui nous possèdent et nous poussent à avoir toujours plus, à ne jamais être rassasiés. À la fin, nous sommes repus mais pas nourris, et c'est très triste de voir une jeunesse repue mais faible. La jeunesse doit être forte, elle doit se nourrir de sa foi et ne pas se remplir d'autres choses.

Chers amis, la foi est révolutionnaire et moi je demande à chacun de vous aujourd'hui : es-tu prêt, es-tu prête à entrer dans cette onde révolutionnaire de la foi ? C'est en y entrant seulement que ta vie de jeune aura un sens et sera ainsi féconde !

Foi et charité

Discours au cercle de Saint-Pierre, 31 octobre 2013.

Une foi vécue sérieusement suscite des comportements de charité authentique. Nous avons de nombreux témoignages simples de personnes qui sont devenues des apôtres de la charité en famille, à l'école, dans leur paroisse, sur leur lieu de travail ou dans leurs relations sociales, dans la rue, partout… Elles ont pris l'Évangile au sérieux ! Le véritable disciple du Seigneur s'engage personnellement dans un ministère de charité, qui a pour dimension les multiples et inépuisables formes de pauvreté de l'homme.

Vous aussi, chers amis, vous vous sentez envoyés vers vos frères et sœurs les plus pauvres, fragiles, marginalisés. Vous le faites au nom de votre baptême, considérant que c'est votre devoir de fidèles laïques, non pas un ministère exceptionnel ou occasionnel mais un ministère fondamental dans lequel l'Église s'identifie en l'exerçant quotidiennement. Chaque jour, chacun de nous est appelé à être un consolateur, à devenir un instrument humble mais généreux de la Providence de Dieu et de sa bonté miséricordieuse, de son amour qui comprend et compatit, de sa consolation qui réconforte et donne du courage. Chaque jour, nous sommes tous appelés à devenir une « caresse de Dieu » pour ceux qui ont peut-être oublié les premières caresses, qui peut-être n'ont jamais senti une caresse au cours de leur vie.

La dimension concrète de la foi

Discours aux participants à l'assemblée plénière du Conseil pontifical pour la promotion de la nouvelle évangélisation, 14 octobre 2013.

À notre époque, on constate souvent une attitude d'indifférence à l'égard de la foi, considérée comme n'étant plus importante dans la vie de l'homme. Une nouvelle évangélisation consiste à réveiller la vie de la foi dans le cœur et dans l'esprit de nos contemporains. La foi est un don de Dieu, mais il est important que nous chrétiens, nous fassions voir que nous vivons la foi de manière concrète, à travers l'amour, la concorde, la joie, la souffrance, car cela suscite des questions, comme au début du chemin de l'Église : « Pourquoi vivent-ils ainsi ? Qu'est-ce qui les pousse ? » Ce sont des interrogations qui conduisent au cœur de l'évangélisation, qui est le témoignage de la foi et de la charité. Ce dont nous avons besoin, en particulier dans cette époque, ce sont des témoins crédibles qui, à travers leur vie et aussi leur parole, rendent l'Évangile visible, réveillent l'attirance pour Jésus-Christ, pour la beauté de Dieu.

On a besoin de chrétiens qui rendent visibles aux hommes d'aujourd'hui la miséricorde de Dieu, sa tendresse pour chaque créature. Nous savons tous que la crise de l'humanité contemporaine n'est pas superficielle, elle est profonde. C'est pourquoi la nouvelle évangélisation, alors qu'elle appelle à avoir le courage d'aller à contre-courant, de se détourner des idoles pour l'unique vrai Dieu, ne peut qu'utiliser le langage de la miséricorde, fait de gestes et d'attitudes avant même que de mots. L'Église au milieu de l'humanité d'aujourd'hui dit : « Venez à Jésus, vous tous qui êtes fatigués et opprimés, et vous trouverez le repos pour vos âmes (cf. Matthieu 11,28-30). Venez à Jésus, lui seul a les paroles de la vie éternelle. »

La foi de Marie

Discours pour la journée mariale en l'Année de la foi, 12 octobre 2013.

Progresser dans la foi, avancer dans ce pèlerinage spirituel qu'est la foi, ce n'est rien d'autre que suivre Jésus, l'écouter et se laisser guider par ses paroles, voir comment il agit, et mettre nos pieds dans ses pas, avoir les mêmes sentiments et attitudes que lui. Et quels sont les sentiments et les attitudes de Jésus ? Humilité, miséricorde, proximité, mais aussi ferme refus de l'hypocrisie, de la duplicité, de l'idolâtrie. Le chemin de Jésus est celui de l'amour fidèle jusqu'au bout, jusqu'au sacrifice de sa vie, c'est le chemin de la Croix. C'est pourquoi le chemin de la foi passe par la Croix et cela, Marie l'a compris dès le début, quand Hérode voulait tuer Jésus qui venait de naître. Mais ensuite, cette Croix est devenue plus profonde, quand Jésus a été rejeté : Marie était toujours avec Jésus, elle suivait Jésus au milieu du peuple, et elle entendait les bavardages, les paroles odieuses de ceux qui n'aimaient pas le Seigneur. Et cette Croix, elle l'a portée ! Alors la foi de Marie a fait face à l'incompréhension et au mépris. Quand est arrivée l'heure de Jésus, l'heure de la Passion, la foi de Marie a été la petite flamme dans la nuit, cette petite flamme en pleine nuit. Dans la nuit du samedi saint Marie a veillé. Sa petite flamme, petite mais claire, a été allumée dès l'aube de la Résurrection, et quand elle a appris que le tombeau était vide, son cœur a débordé de la joie de la foi, la foi chrétienne en la mort et Résurrection de Jésus-Christ. Parce que la foi nous conduit toujours à la joie, dont elle est la mère : elle nous enseigne à aller par ce chemin de la joie et à vivre cette joie ! Cette joie, cette rencontre de Jésus et Marie – mais imaginons comment cela a été... –, cette rencontre est le point culminant de la marche de la foi de Marie et de toute l'Église. Comment est notre foi ? Est-ce que nous la tenons allumée, comme Marie, même dans les moments difficiles, les moments de ténèbres ? Ai-je ressenti la joie de la foi ?

Témoigner de la foi

Discours aux bénévoles ayant participé à l'organisation
de l'Année de la foi, 25 novembre 2013.

La foi est le centre de l'expérience chrétienne, car elle motive les choix et les actes de notre vie quotidienne. Elle est la veine inépuisable de tous nos actes, en famille, au travail, dans la paroisse, avec nos amis, dans les divers milieux sociaux. Et cette foi solide, authentique, se constate surtout dans les moments de difficulté et d'épreuve : alors le chrétien se laisse prendre dans les bras par Dieu, et se serre contre Lui, avec la certitude de se confier à un amour fort comme un roc indestructible. Précisément dans les situations de souffrance, si nous nous abandonnons à Dieu avec humilité, nous pouvons en rendre un bon témoignage.

Nous sommes témoins que la foi dans le Christ est capable de réchauffer les cœurs, en devenant réellement la force motrice de la nouvelle évangélisation. Une foi vécue en profondeur et avec conviction tend à ouvrir d'amples perspectives à l'annonce de l'Évangile. C'est cette foi qui rend missionnaires nos communautés ! Et en effet nous avons besoin de communautés chrétiennes engagées dans un apostolat courageux, qui touche les personnes dans leurs milieux, même les plus difficiles.

Nous parlons tant de pauvreté, mais nous ne pensons pas toujours aux pauvres de la foi : il y en a tant. Nombreuses sont les personnes qui ont besoin d'un geste humain, d'un sourire, d'une parole vraie, d'un témoignage à travers lequel saisir la proximité de Jésus-Christ. Que ce signe d'amour et de tendresse qui naît de la foi ne manque à personne.

Une foi à partager

Message pour la Journée mondiale des missions, 19 mai 2013.

La foi est un don précieux de Dieu, qui ouvre notre esprit afin que nous puissions Le connaître et L'aimer. Il veut entrer en relation avec nous afin de nous faire participer à sa vie même et donner à notre vie davantage de sens, la rendre meilleure, plus belle. Dieu nous aime ! La foi demande cependant à être accueillie. Elle demande donc une réponse personnelle de notre part, le courage de faire confiance à Dieu, de vivre son amour, reconnaissants pour son infinie miséricorde. Elle est ensuite un don qui n'est pas réservé à quelques-uns mais qui est offert avec générosité. Tous devraient pouvoir faire l'expérience de la joie de se sentir aimés par Dieu, de la joie du salut ! Et il s'agit d'un don qu'il n'est pas possible de conserver pour soi mais qui doit être partagé : si nous voulions le garder seulement pour nous, nous deviendrions des chrétiens isolés, stériles et malades. L'annonce de l'Évangile est inséparable du fait d'être disciples du Christ et elle constitue un engagement constant qui anime toute la vie de l'Église. « L'élan missionnaire est un signe clair de la maturité d'une communauté ecclésiale » (Benoît XVI, exhortation apostolique *Verbum Domini*, 95). Chaque communauté est adulte lorsqu'elle professe la foi, qu'elle la célèbre avec joie dans la liturgie, qu'elle vit la charité et annonce sans relâche la Parole de Dieu, sortant de son enclos afin de la porter également jusqu'aux « périphéries », surtout à ceux qui n'ont pas encore eu la possibilité de connaître le Christ. La solidité de notre foi, sur le plan personnel et communautaire, se mesure aussi à la capacité à la communiquer à d'autres, à la diffuser, à la vivre dans la charité, à en témoigner auprès de ceux qui nous rencontrent et partagent avec nous le chemin de la vie.

Jésus

Faire comme Jésus

Méditation matinale, 24 octobre 2013.

Avant tout, il y a l'acte de foi. Avant l'accueil de Jésus-Christ qui nous a recréés par son sang, nous étions sur le chemin de l'injustice; depuis, nous sommes sur le chemin de la justification, mais nous devons le prendre avec sérieux. Cela signifie faire œuvre de justice. D'abord adorer Dieu, ensuite faire ce que Jésus nous conseille : aider les autres, donner à manger aux affamés, donner de l'eau aux assoiffés, visiter les malades, visiter les prisonniers. Ces œuvres sont celles que Jésus a faites dans sa vie, œuvres de justice, œuvres de recréation. Quand nous donnons à manger à un affamé, nous recréons en lui l'espérance, et de même avec les autres. Mais si nous accueillons la foi et qu'ensuite nous ne la vivons pas, alors nous sommes chrétiens seulement, mais comme par habitude : « Oui, oui, j'ai été baptisé, c'est la foi du baptême, mais je vis comme je peux. »

Parfois nous qualifions de chrétiens à mi-chemin ceux

qui ne considèrent pas sérieusement le fait d'avoir été sanctifiés par le sang du Christ. Et si l'on ne prend pas au sérieux cette sanctification, on devient comme des chrétiens tièdes : « Oui, oui, non, non… » C'est un peu comme disaient nos mères, des « chrétiens à l'eau de rose » : une petite couche chrétienne, une petite couche de catéchèse, mais à l'intérieur pas de véritable conversion, rien de cette conviction de Paul : « Je considère que tout est perte et boue afin de gagner Christ et d'être trouvé en lui » (Philippiens 3,8).

Le refus des préjugés

Angélus, 23 mars 2014.

Jésus surmonte les barrières hostiles qui existaient entre Juifs et Samaritains et il rompt les préjugés à l'égard des femmes. La simple demande de Jésus [à la Samaritaine : « Donne-moi à boire »] est le début d'un dialogue franc, grâce auquel, avec une grande délicatesse, il entre dans le monde intérieur d'une personne à laquelle, selon les conventions sociales, il n'aurait même pas dû adresser la parole. Mais Jésus le fait ! Jésus n'a pas peur. Lorsqu'il voit une personne, Jésus s'approche parce qu'il aime. Il nous aime tous. Face à une personne, il ne s'arrête jamais aux préjugés. Jésus la met face à sa situation maritale, sans la juger, mais en lui faisant sentir qu'elle est considérée, reconnue, et en suscitant ainsi en elle le désir d'aller au-delà des schémas quotidiens.

L'Évangile dit que les disciples sont stupéfaits de voir leur maître parler à cette femme. Mais le Seigneur est plus grand que les préjugés, c'est pourquoi il n'a pas eu peur de s'arrêter avec la Samaritaine : la miséricorde est plus grande que le préjugé. Cela, nous devons bien le comprendre ! La miséricorde est plus grande que le préjugé, et Jésus est tellement miséricordieux, tellement !

La Samaritaine a trouvé l'eau qu'elle cherchait depuis toujours ! Elle court au village, ce village qui la jugeait, la condamnait et la refusait, et elle annonce qu'elle a rencontré le Messie : quelqu'un qui a changé sa vie. Car chaque rencontre avec Jésus change notre vie, toujours. C'est un pas en avant, un pas qui rapproche de Dieu. Et ainsi, chaque rencontre avec Jésus change notre vie. Toujours, il en est toujours ainsi.

À la suite de Jésus

Angélus, 18 août 2013.

Jésus dit : « Je suis venu apporter la division », non pas que Jésus veuille diviser les hommes entre eux, au contraire, Jésus est notre paix, il est notre réconciliation ! Mais cette paix n'est pas la paix des tombeaux, elle n'est pas neutralité, Jésus n'apporte pas la neutralité, cette paix n'est pas un compromis à tout prix. Suivre Jésus implique de renoncer au mal, à l'égoïsme, et de choisir le bien, la vérité, la justice, y compris quand cela demande sacrifice et renoncement à ses propres intérêts. Et cela, oui, divise, nous le savons ; cela atteint aussi les liens les plus étroits. Mais attention, ce n'est pas Jésus qui divise ! Il pose le critère : vivre pour soi-même ou vivre pour Dieu et pour les autres ; se faire servir ou servir ; obéir à son moi ou obéir à Dieu. Voilà dans quel sens Jésus est « signe de contradiction » (Luc 2,34).

La vraie force du chrétien est la force de la vérité et de l'amour, qui implique de renoncer à toute violence. Foi et violence sont incompatibles ! Incompatibles ! Au contraire, foi et force vont de pair. Le chrétien n'est pas violent, mais il est fort. De quelle force s'agit-il ? Celle de la douceur, de l'amour.

La Croix

Paroles prononcées au terme du chemin de croix au Colisée, 18 avril 2014.

Dieu a mis sur la Croix de Jésus tout le poids de nos péchés, toutes les injustices perpétrées par chaque Caïn contre son frère, toute l'amertume de la trahison de Judas et de Pierre, toute la vanité des tyrans, toute l'arrogance des faux amis. C'est une Croix lourde, comme la nuit des personnes abandonnées, lourde comme la mort des personnes aimées, lourde car elle résume toute la laideur du monde. Toutefois c'est aussi une Croix glorieuse comme l'aube d'une longue nuit, car elle représente en tout l'amour de Dieu, qui est plus grand que nos iniquités et nos trahisons. Dans la Croix nous voyons la monstruosité de l'homme lorsqu'il se laisse conduire par le mal, mais nous voyons aussi l'immensité de la miséricorde de Dieu, qui ne nous traite pas selon nos péchés mais selon sa miséricorde.

Face à la Croix de Jésus, nous voyons presque jusqu'à toucher de nos mains combien nous sommes aimés éternellement; face à la Croix nous nous sentons comme « fils » et non comme « choses » ou « objets ».

Souvenons-nous des malades, souvenons-nous de toutes les personnes abandonnées sous le poids de la Croix, afin qu'ils trouvent dans l'épreuve de la Croix la force de l'espérance, de l'espérance de la résurrection et de l'amour de Dieu.

L'invitation de Jésus

Evangelii gaudium, 269-270-271, 24 novembre 2013.

Séduits par le modèle de Jésus, nous voulons nous intégrer profondément dans la société, partager la vie de tous et écouter leurs inquiétudes, collaborer matériellement et spirituellement à leurs besoins, nous réjouir avec ceux qui sont joyeux, pleurer avec ceux qui pleurent et nous engager pour la construction d'un monde nouveau, coude à coude avec les autres. Mais pas comme une obligation, comme un poids qui nous épuise, au contraire, comme un choix personnel qui nous remplit de joie et nous donne une identité.

Parfois, nous sommes tentés d'être des chrétiens qui se maintiennent à une prudente distance des plaies du Seigneur. Pourtant, Jésus veut que nous touchions la misère humaine, la chair souffrante des autres. Il attend que nous renoncions à chercher ces abris personnels ou communautaires qui nous permettent de nous garder distants du cœur des drames humains, afin d'accepter vraiment d'entrer en contact avec l'existence concrète des autres et de connaître la force de la tendresse. Quand nous le faisons, notre vie devient toujours merveilleuse et nous vivons l'expérience intense d'être un peuple, l'expérience d'appartenir à un peuple.

Jésus-Christ ne veut pas que nous soyons comme des princes, qui regardent les autres avec dédain, mais que nous soyons des hommes et des femmes du peuple.

Jésus avec nous

Discours lors du chemin de croix avec les jeunes à Rio de Janeiro, 26 juillet 2013.

Chargé de sa Croix, Jésus parcourt nos routes et prend sur lui nos peurs, nos problèmes, nos souffrances, même les plus profondes. Avec la Croix, Jésus s'unit au silence des victimes de la violence qui ne peuvent plus crier, surtout les innocents et ceux qui sont sans défense. Avec la Croix, Jésus s'unit aux familles qui sont en difficulté et qui pleurent la mort tragique de leurs enfants, comme ce fut le cas des deux cent quarante-deux jeunes victimes de l'incendie dans la ville de Santa Maria, au début de cette année. Prions pour eux. Avec la Croix, Jésus s'unit à toutes les personnes qui souffrent de la faim dans un monde qui par ailleurs se permet le luxe de jeter, chaque jour, des tonnes de nourriture. Avec la Croix, Jésus est uni aux nombreuses mères et aux nombreux pères qui souffrent en voyant leurs enfants victimes de paradis artificiels comme la drogue. Avec la Croix, Jésus s'unit à celui qui est persécuté à cause de sa religion, de ses idées, ou simplement pour la couleur de sa peau. Dans la Croix, Jésus est uni aux nombreux jeunes qui ne mettent plus leur confiance dans les institutions politiques, car ils y voient l'égoïsme et la corruption, ou qui ont perdu la foi en l'Église, et même en Dieu, à cause de l'incohérence des chrétiens et des ministres de l'Évangile. Combien nos incohérences font souffrir Jésus! Dans la Croix du Christ, il y a la souffrance, le péché de l'homme, le nôtre aussi, et lui accueille tout avec les bras ouverts, prend sur ses épaules nos croix et nous dit : « Courage ! Tu n'es pas seul à les porter ! Je les porte avec toi, j'ai vaincu la mort et je suis venu te donner l'espérance, te donner la vie » (cf. Jean 3,16).

Jésus et la douleur

Discours aux associations fondées par le bienheureux Luigi Novarese, 17 mai 2014.

Les raisons de la souffrance sont nombreuses. Jésus a fait l'expérience dans ce monde de l'affliction et de l'humiliation. Il a rassemblé les souffrances humaines, il les assumées dans sa chair, il les a vécues jusqu'au bout une par une. Il a connu toutes sortes d'afflictions, morales et physiques : il a ressenti la faim et la fatigue, l'amertume de l'incompréhension, il a été trahi et abandonné, flagellé et crucifié.

Mais en disant : « Heureux les affligés », Jésus n'entend pas déclarer heureuse une condition de vie défavorable et difficile. La souffrance n'est pas une valeur en soi, mais une réalité que Jésus nous enseigne à vivre avec l'attitude juste. En effet, il y a des façons justes et des façons erronées de vivre la douleur et la souffrance. Par exemple il est erroné de vivre la douleur de manière passive, en se laissant aller sans réagir et en se résignant. La réaction de rébellion et de refus n'est pas non plus une bonne attitude. Jésus nous enseigne à vivre la douleur en acceptant la réalité de la vie avec confiance et espérance, en plaçant l'amour de Dieu et de son prochain également dans la souffrance : c'est l'amour qui transforme toute chose.

Jésus et le service

Message pour la célébration de la XLVIIe Journée mondiale de la paix, 1er janvier 2014.

Le Christ est venu dans le monde pour nous apporter la grâce divine, c'est-à-dire la possibilité de participer à sa vie. Cela implique de tisser une relation fraternelle, empreinte de réciprocité, de pardon, de don total de soi, selon la grandeur et la profondeur de l'amour de Dieu offert à l'humanité par celui qui, crucifié et ressuscité, attire tous à lui : « Je vous donne un commandement nouveau : c'est de vous aimer les uns les autres. Comme je vous ai aimés, vous aussi aimez-vous les uns les autres. À ceci tous vous reconnaîtront pour mes disciples : à l'amour que vous aurez les uns pour les autres» (Jean 13,34-35). C'est cette bonne nouvelle qui réclame de chacun un pas de plus, un exercice persistant d'empathie, d'écoute de la souffrance et de l'espérance de l'autre, y compris de celui qui est loin de moi, en s'engageant sur le chemin exigeant de l'amour qui sait se donner et se dépenser gratuitement pour le bien de tout frère et de toute sœur.

Le Christ embrasse tout l'homme et veut qu'aucun ne se perde. «Dieu a envoyé son Fils dans le monde, non pas pour juger le monde, mais pour que par lui le monde soit sauvé» (Jean 3,17). Il le fait sans opprimer, sans contraindre personne à lui ouvrir les portes de son cœur et de son esprit. «Que le plus grand parmi vous prenne la place du plus jeune, et celui qui commande la place de celui qui sert, dit Jésus-Christ. Moi je suis au milieu de vous à la place de celui qui sert» (Luc 22,26.27).

Toute activité doit être alors marquée par une attitude de service des personnes, en particulier celles qui sont les plus lointaines et les plus inconnues. Le service est l'âme de cette fraternité qui construit la paix.

La voie montrée par Jésus

Audience générale, 16 avril 2014.

Nous attendons que Dieu, dans sa toute-puissance, élimine l'injustice, le mal, le péché et la souffrance dans une victoire divine triomphante. Dieu nous montre en revanche une victoire humble, qui humainement semble un échec.

Nous pouvons dire que Dieu vainc dans l'échec! En effet, le Fils de Dieu apparaît sur la Croix comme un homme vaincu : il souffre, il est trahi, il est outragé et à la fin il meurt. Mais Jésus permet que le mal s'acharne sur lui et il le prend sur lui pour le vaincre. Sa passion n'est pas un accident, sa mort – cette mort – était « écrite ». Nous ne trouvons vraiment pas beaucoup d'explications. Il s'agit d'un mystère déconcertant, le mystère de la grande humilité de Dieu.

Jésus, qui a choisi de passer par cette voie, nous appelle à le suivre sur son propre chemin d'humiliation. Lorsque à certains moments de la vie nous ne trouvons aucune issue à nos difficultés, quand nous sombrons dans l'obscurité la plus épaisse, c'est le moment de notre humiliation et de notre dépouillement total, l'heure où nous expérimentons que nous sommes fragiles et pécheurs. C'est précisément alors que nous ne devons pas masquer notre échec, mais nous ouvrir avec confiance à l'espérance en Dieu, comme l'a fait Jésus.

La Bible

La veuve qui prie le juge

Angélus, 20 octobre 2013.

Jésus raconte une parabole sur la nécessité de toujours prier sans se lasser. Le personnage central est une veuve qui, à force de supplier un juge malhonnête, réussit à ce qu'il lui rende justice. Et Jésus conclut que si la veuve réussit à convaincre ce juge, pourquoi voudrait-on que Dieu ne nous écoute pas, nous, si nous Le prions avec insistance? L'expression de Jésus est très forte : « Dieu ne fera-t-Il pas justice à ses élus qui crient vers Lui jour et nuit ? » (Luc 18,7).

Crier vers Dieu jour et nuit! Cette image de la prière nous frappe. Mais demandons-nous pourquoi Dieu veut cela. Est-ce qu'Il ne connaît pas déjà nos besoins ? Quel sens cela a-t-il d'« insister » auprès de Dieu ?

Voilà la bonne question, qui nous fait approfondir un aspect très important de la foi : Dieu nous invite à prier avec insistance, non parce qu'Il ne sait pas de quoi nous avons besoin, ou qu'Il ne nous écoute pas. Au contraire,

Il écoute toujours et Il sait tout de nous, avec amour. Sur notre chemin quotidien, en particulier dans les difficultés, dans la lutte contre le mal en dehors et au-dedans de nous, le Seigneur n'est pas loin, Il est à nos côtés ; nous luttons avec Lui à nos côtés, et notre arme est justement la prière, qui nous fait sentir sa présence à nos côtés, sa miséricorde, également son aide. Mais la lutte contre le mal est dure et longue, elle exige patience et résistance. C'est ainsi : il y a un combat à mener chaque jour, mais Dieu est notre allié, la foi en Lui est notre force, et la prière est l'expression de notre foi.

Apprenons donc de la veuve de l'Évangile à prier toujours, sans nous lasser. Elle était bien cette veuve, elle savait lutter pour ses enfants ! Et je pense aux si nombreuses femmes qui luttent pour leur famille, qui prient sans jamais se lasser. Souvenons-nous tous aujourd'hui de ces femmes, dont le comportement nous donne un vrai témoignage de foi, de courage, un modèle de prière.

Les Écritures indiquent la voie

Evangelii gaudium, 269-271, 24 novembre 2013.

Les appareils conceptuels sont faits pour favoriser le contact avec la réalité que l'on veut expliquer, non pour nous en éloigner. Cela vaut aussi et avant tout pour les exhortations bibliques qui invitent, avec beaucoup de détermination, à l'amour fraternel, au service humble et généreux, à la justice, à la miséricorde envers les pauvres. Jésus nous a enseigné ce chemin de reconnaissance de l'autre par ses paroles et ses gestes. Pourquoi obscurcir ce qui est clair ? Ne nous préoccupons pas seulement de ne pas tomber dans des erreurs doctrinales, mais aussi d'être fidèles à ce chemin lumineux de vie et de sagesse. Car aux défenseurs de l'orthodoxie on adresse parfois le reproche de la passivité, de la complaisance, ou d'une complicité coupable à l'égard de situations d'injustice intolérable et de régimes politiques qui entretiennent ces situations.

Nous ne pouvons pas toujours manifester adéquatement la beauté de l'Évangile mais nous devons toujours manifester ce signe : l'option préférentielle pour les « derniers », pour ceux que la société rejette et met de côté.

Nous sommes parfois durs de cœur et d'esprit, nous oublions, nous nous divertissons, nous nous extasions sur les immenses possibilités de consommation et de divertissement qu'offre la société. Il se produit ainsi une sorte d'aliénation qui nous touche tous, puisqu'une société est aliénée quand, par son organisation sociale, elle rend plus difficile la réalisation de ce don et de cette solidarité entre les hommes.

Le bon Samaritain

Discours aux prêtres du diocèse de Rome, 6 mars 2014.

N'aie pas honte de la chair de ton frère. À la fin, nous serons jugés sur la façon dont nous aurons su nous approcher de « toute chair » – c'est Isaïe qui le dit. N'aie pas honte de la chair de ton frère. Nous faire proches, se faire proche de la chair de son frère. Le prêtre et le lévite passés avant le bon Samaritain n'ont pas su s'approcher de cette personne malmenée par les bandits. Leur cœur était fermé. Peut-être le prêtre a-t-il regardé sa montre et a-t-il dit : « Il faut que j'aille à la messe, je ne peux pas arriver en retard à la messe » et il est parti. Justifications ! Combien de fois trouvons-nous des justifications pour contourner le problème, la personne ? L'autre, le lévite, ou le docteur de la loi, l'avocat, a dit : « Non, je ne peux pas m'arrêter parce que si je fais ça, demain je devrai aller témoigner, je vais perdre du temps... » Excuses ! Ils avaient le cœur fermé, et le cœur fermé se justifie toujours de ce qu'il ne fait pas. Au contraire, le Samaritain ouvre son cœur, se laisse émouvoir dans ses entrailles et ce mouvement intérieur se traduit en action pratique, dans une intervention concrète et efficace pour aider la victime.

À la fin des temps ne sera admis à contempler la chair crucifiée du Christ que celui qui n'aura pas eu honte de la chair de son frère blessé et exclu.

L'exemple de Zachée

Discours aux membres du Conseil des chefs exécutifs
pour la coordination des Nations unies, 9 mai 2014.

Je voudrais rappeler un épisode d'il y a environ deux mille ans, raconté dans l'Évangile de saint Luc : la rencontre de Jésus-Christ avec le riche publicain Zachée, qui prend une décision radicale de partage et de justice quand sa conscience est réveillée par le regard de Jésus. Tel est l'esprit qui devrait être à l'origine et au terme de toute action politique et économique. Le regard, souvent sans voix, de cette partie de l'humanité mise à l'écart, à qui l'on tourne le dos, doit toucher la conscience des agents politiques et économiques et conduire à des choix généreux et courageux, qui aient des résultats immédiats comme cette décision de Zachée. Cet esprit de solidarité et de partage guide-t-il toutes nos pensées et nos actions ? Je me le demande.

Aujourd'hui en particulier, la conscience de la dignité de tous nos frères, dont la vie est sacrée et inviolable depuis sa conception jusqu'à sa fin naturelle, doit nous conduire à partager, dans une totale gratuité, les biens que la Providence a mis entre nos mains, aussi bien les richesses matérielles que les œuvres de l'intelligence et de l'esprit, et à rendre avec générosité et abondance ce qu'injustement nous avons pu dénier aux autres.

L'épisode de Jésus et Zachée nous enseigne que la promotion d'une ouverture généreuse, efficace et concrète aux besoins des autres doit être toujours au-dessus des systèmes et des théories économiques et sociales. Jésus ne demande pas à Zachée de changer de travail, ni de dénoncer son activité commerciale, il le conduit seulement à mettre tout, librement mais immédiatement et sans discussion, au service des hommes. Tout cela me permet d'affirmer, à la suite de mes prédécesseurs, que le progrès économique et social équitable ne peut être obtenu qu'en conjuguant les capacités scientifiques et techniques avec un engagement de solidarité constant, accompagné par une gratuité généreuse et désintéressée à tous les niveaux.

Thomas et les plaies de Jésus

Méditation matinale, 3 juillet 2013.

Jésus nous dit ceci : « Sur le chemin nous avons vu Thomas. » Mais comment peut-on aujourd'hui trouver les plaies de Jésus ? On ne peut pas les voir comme les a vues Thomas. On trouve les plaies de Jésus en faisant des œuvres de miséricorde, en donnant au corps, au corps et aussi à l'âme, mais je souligne au corps de notre frère couvert de plaies, parce qu'il a faim, parce qu'il a soif, parce qu'il est nu, parce qu'il est humilié, parce qu'il est esclave, parce qu'il est en prison. Voilà les plaies de Jésus aujourd'hui. Et Jésus nous demande de faire un acte de foi en lui à travers ces plaies.

Il ne suffit pas de créer une fondation pour aider tout le monde, ni de faire beaucoup de choses pour aider les autres. Tout cela est important, mais ne serait qu'une attitude de philanthrope. Nous devons plutôt toucher les plaies de Jésus, nous devons caresser les plaies de Jésus. Nous devons soigner les plaies de Jésus avec tendresse. Nous devons littéralement embrasser les plaies de Jésus.

La vie de saint François a changé quand il a embrassé le lépreux, parce qu'il a touché le Dieu vivant et a vécu dans l'adoration. Ce que Jésus nous demande de faire avec nos œuvres de miséricorde, c'est ce que demandait Thomas : entrer dans les plaies. C'est vraiment en touchant ces plaies, en les caressant qu'il est possible d'adorer le Dieu vivant parmi nous.

La force de la Parole de Dieu

Discours à la délégation de l'institut Dignitatis humanae, 7 décembre 2013.

Si nous nous laissons interroger par la Parole de Dieu, si nous la laissons interpeller notre conscience personnelle et sociale, si nous la laissons mettre en discussion notre façon de penser et d'agir, nos critères, nos priorités et nos choix, alors les choses peuvent changer. La force de cette Parole pose des limites à quiconque veut exercer une hégémonie en abusant des droits et de la dignité d'autrui. En même temps, elle donne espérance et réconfort à ceux qui ne sont pas en mesure de se défendre, à ceux qui ne disposent pas de moyens intellectuels et pratiques pour affirmer la valeur de leur souffrance, de leurs droits, de leur vie.

La doctrine sociale de l'Église, avec sa vision intégrale de l'homme comme être personnel et social, est votre « boussole ». Elle renferme un fruit particulièrement significatif du long chemin du peuple de Dieu dans l'histoire moderne et contemporaine : on y trouve la défense de la liberté religieuse, de la vie à toutes ses étapes, du droit au travail et à un travail digne, la défense de la famille, de l'éducation...

Une œuvre de sensibilisation et de formation est nécessaire, afin que les fidèles laïques de toute condition, et en particulier ceux qui s'engagent dans le domaine politique, sachent penser selon l'Évangile et la doctrine sociale de l'Église et agir de façon cohérente, en dialoguant et en collaborant avec ceux qui, avec sincérité et honnêteté intellectuelle, partagent sinon la foi, du moins une vision semblable de l'homme et de la société, ainsi que ses conséquences éthiques. Nombreux sont les non-chrétiens et les non-croyants qui sont convaincus que la personne humaine doit être toujours une fin et jamais un moyen.

Les Béatitudes

Message pour la XXIXe Journée mondiale de la jeunesse,
21 janvier 2014.

En proclamant les Béatitudes Jésus nous invite à le suivre, à parcourir avec lui la voie de l'amour, la seule qui conduise à la vie éternelle. Ce n'est pas une voie facile, mais le Seigneur nous assure de sa grâce et Il ne nous laisse jamais seuls. La pauvreté, les afflictions, les humiliations, les luttes pour la justice, les efforts de la conversion quotidienne, les combats pour vivre l'appel à la sainteté, les persécutions et bien d'autres défis jalonnent notre vie. Mais si nous ouvrons la porte à Jésus, si nous le laissons entrer dans notre histoire, si nous partageons avec lui nos joies et nos souffrances, nous ferons l'expérience d'une paix et d'une joie que seul Dieu, amour infini, peut nous donner.

Les Béatitudes de Jésus sont porteuses d'une nouveauté révolutionnaire, d'un modèle de bonheur contraire à celui qui nous est communiqué habituellement par les médias, par la pensée dominante. Pour la mentalité du monde, c'est un scandale que Dieu soit venu se faire l'un d'entre nous, qu'Il soit mort sur une croix ! Dans cette logique mondaine, ceux que Jésus proclame bienheureux sont considérés comme perdants, faibles. Et sont au contraire exaltés le succès à tout prix, le bien-être, l'arrogance du pouvoir, l'affirmation de soi aux dépens des autres.

L'accomplissement de la Loi

Angélus, 16 février 2014.

Jésus ne veut pas supprimer les commandements que le Seigneur a donnés par Moïse, mais il veut les porter à leur plénitude. Et il ajoute tout de suite après que l'accomplissement de la Loi demande une justice supérieure, une observance plus authentique. Il dit en effet à ses disciples : « Si votre justice ne surpasse pas celle des scribes et des pharisiens, vous n'entrerez pas dans le Royaume des Cieux » (Matthieu 5,20).

Mais que signifie ce plein accomplissement de la Loi ? Et cette justice supérieure, en quoi consiste-t-elle ? Jésus lui-même nous répond avec quelques exemples. Jésus est concret, il donne toujours des exemples pour se faire comprendre. Il commence par le cinquième commandement du Décalogue : « Vous avez appris qu'il a été dit aux anciens : Tu ne commettras pas de meurtre… Et moi je vous le dis : quiconque se met en colère contre son frère en répondra au tribunal » (Matthieu 5,21-22). Par là, Jésus nous rappelle que les paroles aussi peuvent tuer ! Quand on dit d'une personne qu'elle a une langue de vipère, que veut-on dire ? Que ses paroles tuent ! Par conséquent, non seulement il ne faut pas attenter à la vie de son prochain, mais il ne faut pas non plus déverser sur lui le poison de la colère, ni le frapper de calomnie, ni dire du mal de lui. Nous en arrivons aux médisances : les médisances aussi peuvent tuer, car elles tuent la réputation des personnes ! Il est si laid de médire ! Au début, cela peut sembler agréable, même plaisant, comme sucer un bonbon. Mais à la fin, cela nous emplit le cœur d'amertume, et nous empoisonne nous aussi.

Jésus propose à celui qui le suit la perfection de l'amour : un amour dont l'unique mesure est de ne pas avoir de mesure, d'aller au-delà des calculs. L'amour du prochain est une attitude tellement fondamentale que Jésus va jusqu'à affirmer que notre rapport à Dieu ne peut être sincère si nous ne voulons pas faire la paix avec notre prochain. C'est pourquoi nous sommes appelés à nous réconcilier avec nos frères avant de manifester notre dévotion au Seigneur dans la prière.

À la lumière de cet enseignement, chaque précepte révèle sa pleine signification comme exigence d'amour, et tous se rejoignent dans le plus grand commandement : aimer Dieu de tout son cœur et aimer son prochain comme soi-même.

L'Église

L'engagement de l'Église pour la justice

Evangelii gaudium, 194-196, 24 novembre 2013.

Personne ne peut exiger de nous que nous reléguions la religion dans la secrète intimité des personnes, sans aucune influence sur la vie sociale et nationale, sans se préoccuper de la santé des institutions de la société civile, sans s'exprimer sur les événements qui intéressent les citoyens. Qui oserait enfermer dans un temple et faire taire le message de saint François d'Assise et de la bienheureuse Teresa de Calcutta ? Ils ne pourraient l'accepter.

Une foi authentique – qui n'est jamais confortable et individualiste – implique toujours un profond désir de changer le monde, de transmettre des valeurs, de laisser quelque chose de meilleur après notre passage sur terre. Nous aimons cette magnifique planète où Dieu nous a placés, et nous aimons l'humanité qui l'habite, avec tous ses drames et ses lassitudes, avec ses aspirations et ses espérances, avec ses valeurs et ses fragilités. La Terre est notre maison commune et nous sommes tous frères. Bien que l'ordre juste de la société et de l'État soit un devoir essentiel du politique, l'Église ne peut ni ne doit rester à l'écart de la lutte pour la justice. Tous les chrétiens, et aussi les pasteurs, sont appelés à se préoccuper de la construction d'un monde meilleur. Et ce parce que la pensée sociale de l'Église est en premier lieu positive et fait des propositions, oriente une action transformatrice, et en ce sens ne cesse d'être un signe d'espérance qui jaillit du cœur plein d'amour de Jésus-Christ. En même temps, elle unit ses efforts à ceux que réalisent dans le domaine social les autres Églises et communautés ecclésiales, tant au niveau de la réflexion doctrinale qu'au niveau pratique.

L'Église contre la pauvreté

Audience au corps diplomatique accrédité près le Saint-Siège, 20 mars 2013.

Il y a plusieurs raisons pour lesquelles j'ai choisi mon nom en pensant à François d'Assise, une personnalité bien connue au-delà des frontières de l'Italie et de l'Europe, et aussi de ceux qui ne professent pas la foi catholique. Une des premières est l'amour que François avait pour les pauvres. Il y a encore tant de pauvres dans le monde! Et ces personnes rencontrent tant de souffrance! À l'exemple de François d'Assise, l'Église a toujours cherché à avoir le souci, à protéger, en tout coin de la Terre, celui qui souffre d'indigence et je pense que dans beaucoup de pays, vous pouvez constater l'œuvre généreuse de ces chrétiens qui se consacrent à aider les malades, les orphelins, les sans-abri et tous ceux qui sont exclus, et qui ainsi travaillent à construire une société plus humaine et plus juste.

Mais il y a également une autre pauvreté ! C'est la pauvreté spirituelle qui de nos jours concerne gravement aussi les pays considérés comme plus riches. C'est ce que mon prédécesseur, le cher et vénéré Benoît XVI, appelle la « dictature du relativisme », qui laisse chacun être la mesure de lui-même, et met en péril la cohabitation entre les hommes.

Et ainsi j'ajoute une autre raison au choix de mon nom. François d'Assise nous dit : « Travaillez pour construire la paix ! » Mais il n'y a pas de véritable paix sans vérité ! La paix ne peut être véritable si chacun reste la mesure de lui-même, si chacun veut revendiquer toujours et seulement son droit personnel, sans avoir le souci en même temps du bien des autres, de tous, en vertu de la nature qui est commune à tous les êtres humains sur cette Terre.

La tâche de l'Église

Discours aux représentants des Églises et des communautés ecclésiales, et des différentes religions, 20 mars 2013.

L'Église catholique est consciente de l'importance de la promotion de l'amitié et du respect entre les hommes et les femmes des diverses traditions religieuses. Je le répète : la promotion de l'amitié et du respect entre les hommes et les femmes des diverses traditions religieuses. En témoigne notamment le précieux travail effectué par le Conseil pontifical pour le dialogue interreligieux. L'Église est également consciente de la responsabilité que tous nous portons envers ce monde, envers la création tout entière, que nous devons aimer et sauvegarder. Et nous pouvons faire beaucoup pour le bien de celui qui est pauvre, de celui qui est faible et de celui qui souffre, pour favoriser la justice, pour promouvoir la réconciliation, pour construire la paix. Mais surtout nous devons maintenir vive dans le monde la soif d'absolu, en ne permettant pas que prévale une vision unidimensionnelle de la personne humaine, selon laquelle l'homme se réduirait à ce qu'il produit et à ce qu'il consomme : c'est là l'un des pièges les plus dangereux de notre temps.

Nous savons combien la tentative d'éliminer Dieu et le divin de l'horizon de l'humanité a produit de violence dans l'histoire récente, et nous percevons combien il est important de témoigner dans nos sociétés de l'ouverture naturelle à la transcendance inscrite dans le cœur de l'homme. En cela, nous nous sentons également proches de tous ces hommes et ces femmes qui, bien que reconnaissant n'appartenir à aucune tradition religieuse, se sentent en recherche de la vérité, de la bonté et de la beauté – de cette vérité, cette bonté et cette beauté de Dieu ; ils sont nos précieux alliés dans l'engagement pour la défense de la dignité de l'homme, dans la construction d'une cohabitation pacifique entre les peuples et dans la sauvegarde attentive de la création.

Non à une Église fermée

Discours lors de la veillée de Pentecôte avec les mouvements ecclésiaux, 18 mai 2013.

L'Église n'est pas un mouvement politique, ni une structure bien organisée, non, ce n'est pas cela. Nous ne sommes pas une ONG : quand l'Église devient une ONG elle perd son sel, elle n'a plus de goût, elle n'est plus qu'une organisation vide. Et en cela il faut faire attention, parce que le diable nous trompe, parce que l'on court le risque de l'efficacité à tout prix. C'est une chose de prêcher Jésus, c'en est une autre d'être efficient. L'efficacité est une autre valeur. La valeur de l'Église, fondamentalement, est de vivre l'Évangile et rendre témoignage de notre foi. L'Église est le sel de la terre, c'est la lumière du monde, elle est appelée à rendre présent dans la société le levain du Royaume de Dieu et elle le fait avant tout à travers son témoignage, le témoignage de l'amour fraternel, de la solidarité, du partage.

En ce moment de crise nous ne pouvons pas nous inquiéter uniquement de nous-mêmes, nous enfermer dans la solitude, dans le découragement, dans le sentiment d'impuissance face aux problèmes. Ne vous enfermez pas, s'il vous plaît ! C'est cela le danger : nous nous enfermons dans notre paroisse, avec nos amis, dans notre mouvement, avec ceux avec lesquels nous pensons les mêmes choses… Mais savez-vous ce qui arrive ? Quand l'Église se ferme, elle tombe malade, oui, elle tombe malade. Pensez à une pièce fermée pendant un an ; quand on y retourne, il y a une odeur d'humidité, il y a beaucoup de choses qui se sont dégradées. Une Église fermée c'est la même chose : c'est une Église malade. L'Église doit sortir d'elle-même. Pour aller où ? Vers les marges, quelles qu'elles soient, mais elle doit sortir.

Nous devons aller à la rencontre d'autrui et nous devons créer avec notre foi une « culture de la rencontre », une culture de l'amitié, une culture où nous trouvons des frères, où nous pouvons aussi parler avec ceux qui ne pensent pas comme nous, avec ceux qui ont une autre foi, qui n'ont pas la même foi. Tous ont quelque chose en commun avec nous : ils sont image de Dieu, ils sont fils de Dieu. Aller à la rencontre de tous, sans négocier notre appartenance.

L'Église porteuse d'espérance

Discours au président de la République italienne
Giorgio Napolitano, 14 novembre 2013.

L'époque actuelle est marquée par la crise économique qui peine à être surmontée, et dont l'un des effets les plus douloureux est le manque de travail. Il est nécessaire de multiplier les efforts en vue d'en limiter les conséquences et de saisir et renforcer tout signe de reprise.

La tâche fondamentale qui revient à l'Église est de témoigner de la miséricorde de Dieu et d'encourager des réponses généreuses de solidarité pour ouvrir à un avenir d'espérance, parce que là où croît l'espérance se multiplient également les énergies et l'engagement pour la construction d'un ordre social et civil plus humain et plus juste, et de nouvelles potentialités apparaissent pour un développement durable et sain.

Dans mon esprit sont gravées les premières visites pastorales que j'ai pu accomplir en Italie. À Lampedusa avant tout, où j'ai vu de près la souffrance de ceux qui, à cause des guerres ou de la misère, émigrent dans des conditions souvent désespérées, et où j'ai vu l'admirable témoignage de solidarité de nombreuses personnes qui se vouent à l'œuvre d'accueil. Je me souviens ensuite de la visite à Cagliari, pour prier devant la Vierge de Bonaria, et à Assise, pour vénérer le saint, ce patron de l'Italie, dont j'ai pris le nom. Dans ces lieux également j'ai touché du doigt les blessures dont souffrent tant de personnes.

Le rôle de l'Église

Discours à la 66e assemblée générale de la Conférence épiscopale italienne, 19 mai 2014.

Vérité *et* miséricorde : ne les séparons pas. Que votre annonce soit aussi accordée à l'éloquence des gestes. J'insiste sur cela : l'éloquence des gestes.

En tant que pasteurs, soyez simples dans votre style de vie, détachés, pauvres et miséricordieux, pour marcher avec hâte et ne rien interposer entre vous et les autres.

Soyez libres intérieurement, pour pouvoir être proches des gens, attentifs à apprendre leur langue, à vous approcher de chacun avec charité, en accompagnant les personnes dans leurs nuits de solitude, d'inquiétude et d'échec : accompagnez-les jusqu'à réchauffer leur cœur et les inciter ainsi à prendre un chemin qui ait un sens et restitue à la vie sa dignité, son espérance et sa fécondité.

Parmi les « lieux » où votre présence me semble la plus nécessaire et significative, il y a avant tout la famille. Un autre espace qu'on ne doit pas déserter aujourd'hui, ce sont les salles d'attente bondées de chômeurs, chômeurs ou travailleurs précaires, ces endroits où le drame de celui qui ne sait pas comment rapporter du pain à la maison croise le drame de celui qui ne sait pas comment continuer à faire tourner son entreprise. C'est une urgence historique, qui interpelle la responsabilité sociale de tous : en tant qu'Église, aidons à ne pas céder au catastrophisme et à la résignation, en soutenant par toute forme de solidarité créative les efforts de ceux qui, dans le travail, se sentent privés même de leur dignité.

Enfin, la chaloupe à mettre à l'eau est celle de l'étreinte accueillante à l'égard des migrants : ils fuient l'intolérance, la persécution, le manque d'avenir. Nul ne doit détourner le regard. La charité dont témoignent tant de personnes par leur générosité est notre manière de vivre et d'interpréter la vie. En vertu de ce dynamisme, l'Évangile continuera à se diffuser et à attirer les hommes.

Le besoin d'un nouvel humanisme est dénoncé à haute voix par une société privée d'espérance, ébranlée dans un grand nombre de ses certitudes fondamentales, appauvrie par une crise qui, plus qu'économique, est culturelle, morale et spirituelle.

Les consacrés

Angélus, 2 février 2014.

Les personnes consacrées sont signe de Dieu dans les divers milieux de vie, elles sont levain pour la croissance d'une société plus juste et fraternelle, elles sont prophétie de partage avec les petits et les pauvres. Comprise et vécue ainsi, la vie consacrée nous apparaît pour ce qu'elle est réellement : un don de Dieu, un don de Dieu à l'Église, un don de Dieu à son peuple ! Chaque personne consacrée est un don pour le peuple de Dieu en chemin. Il y a tant besoin de ces présences, qui fortifient et renouvellent l'engagement de la diffusion de l'Évangile, de l'éducation chrétienne, de la charité envers les plus nécessiteux, de la prière contemplative ; l'engagement de la formation humaine, de la formation spirituelle des jeunes, des familles ; l'engagement pour la justice et la paix dans la famille humaine. Pensons un peu à ce qui se passerait s'il n'y avait pas les sœurs dans les hôpitaux, les sœurs dans les missions, les sœurs dans les écoles. Pensez à une Église sans sœurs ! On ne peut pas l'imaginer ! Elles sont ce don, ce levain qui fait avancer le peuple de Dieu. Elles sont grandes, ces femmes qui consacrent leur vie à Dieu, qui portent en avant le message de Jésus.

Une Église qui surprend

Regina Cœli, 8 juin 2014.

Notre Dieu est le Dieu des surprises, nous le savons. L'Église qui naît à la Pentecôte est une communauté qui suscite l'étonnement parce que, avec la force qui lui vient de Dieu, elle annonce un message nouveau, la Résurrection du Christ, avec un langage nouveau, le langage universel de l'amour. Une annonce nouvelle : le Christ est vivant, il est ressuscité. Un langage nouveau : le langage de l'amour. Les disciples sont revêtus de la puissance qui vient d'en haut et parlent avec courage. Quelques minutes auparavant, ils étaient tous peureux, mais à présent ils parlent avec courage et franchise, avec la liberté de l'Esprit Saint.

C'est ainsi que l'Église est appelée à être toujours : capable de surprendre en annonçant à tous que Jésus le Christ a vaincu la mort, que les bras de Dieu sont toujours ouverts, que sa patience est toujours là qui nous attend pour nous guérir et nous pardonner. C'est précisément pour cette mission que Jésus ressuscité a donné son Esprit à l'Église.

Attention : si l'Église est vivante, elle doit toujours surprendre. C'est le propre de l'Église vivante que de surprendre. Une Église qui n'a pas la capacité de surprendre est une Église faible, malade, mourante, qui doit être hospitalisée au plus vite au service de réanimation !

L'Église de la Pentecôte est une Église qui ne se résigne pas à être inoffensive, trop « épurée ». Non, elle ne se résigne pas à cela ! Elle ne veut pas être un élément décoratif. C'est une Église qui n'hésite pas à sortir, à aller à la rencontre des personnes, pour annoncer le message qui lui a été confié, même si ce message dérange ou inquiète les consciences, même s'il apporte, peut-être, des problèmes et même, parfois, nous conduit au martyre. Une Église une et universelle, avec une identité précise, mais ouverte, une Église qui embrasse le monde mais ne l'emprisonne pas, qui le laisse libre mais l'embrasse comme la colonnade de cette place : deux bras qui s'ouvrent pour accueillir, mais qui ne se referment pas pour retenir. Nous chrétiens, nous sommes libres et l'Église nous veut libres !

Table

I. LA JUSTICE DE L'HOMME

II. LES INJUSTICES DU MONDE

III. LA JUSTICE DE DIEU

Composition : IGS-CP
Impression : CPI Bussière en avril 2015
Éditions Albin Michel
22, rue Huyghens, 75014 Paris
www.albin-michel.fr
ISBN : 978-2-226-31652-3
N° d'édition : 21645/03 – N° d'impression : 2016017
Dépôt légal : avril 2015
Imprimé en France